知識ゼロからの

世界のワイン入門

イタリア、カリフォルニア、スペイン、
チリ、オーストラリア、ドイツ……

The First Book of Tasting Various Wines of the World

Kenshi Hirokane

弘兼憲史

幻冬舎

第1章

イタリアワイン ギリシアワイン

―豊富なバリエーションが魅力―

イタリアワインの特徴●バラエティに富んだワインは陽気さにあふれている――10
イタリアのワイン生産地●国中どこでもぶどうが育つ　産地によって味わいはいろいろ――12
イタリアワインの格付け・分類●同じ銘柄を複数の生産者が造る　格付け、分類を参考に――14
イタリアワインのラベル●お洒落なイタリアンラベルはながめるだけでも楽しい――18
北部イタリア／ピエモンテ州●毛並みのよい高級赤ワインがずらりと並ぶ――20
北部イタリア／ピエモンテ州●切れ味のよさが魅力　伝統を誇る白ワインができる――24
イタリアの発泡性ワイン●発泡性ワイン〝スプマンテ〟　きりっと冷やして楽しみたい――26
北部イタリア／ヴェネト州●上品な香りで愛される三銘柄が有名――28
中部イタリア／トスカーナ州●肉料理にぴったり　厚みのある赤ワインの宝庫――30

中部イタリア／トスカーナ州●格付けはいちばん下でも　超一流のテーブルワインが続々と――34
中部イタリア、南部イタリア●食事と一緒に楽しめる　軽快で気軽なワインが得意――36
シチリア州、サルデーニャ州●甘みの強いぶどうが育つ　著名なワインはマルサラ酒――40
イタリアのチーズ●ワインの友だち　産地が同じなら相性バツグン――42
ギリシア●ヨーロッパ最古の産地　人気も評価も高まっている――44

第2章

カリフォルニアワイン　カナダワイン　メキシコワイン

―世界一を目指す濃い味わい―

カリフォルニアワインの特徴●凝縮した味わい　フランスに肩を並べる質の高さ――48
カリフォルニアのワイン生産地●産地ごとにぴったりの品種や栽培法、醸造法を採用している――50
カリフォルニアワインの分類●ぶどうの品種とブレンドの割合がワインのタイプを決める――52
カリフォルニアワインのラベル●アメリカならではの合理主義があらわれている――54
ノース・コースト●世界でも指折りのワイナリーの銘酒がそろう――56
カリフォルニアの生産者●「カリフォルニアワインの父」モンダヴィを筆頭に生産者は個性豊か――60
セントラル・コースト●気候の異なる三地区　将来の成長が楽しみ――62

セントラル・ヴァレー、シエラ・フットヒルズ、サウス・コースト●気軽に飲みたい日常用ワインの良産地――64
その他のアメリカ産ワイン●ニューヨーク生まれのワインは土着品種を活用している――66
カナダ、メキシコ●隣の国へ目を移せば　氷結ぶどうのワインが味わえる――68

第3章

スペインワイン　ポルトガルワイン

―情熱的な熟成タイプに注目―

スペインワインの特徴●熟成されたぬくもり　やわらかい口あたりが自慢――72
スペインのワイン生産地●産地がかわると　ワインのタイプもがらりとかわる――74
スペインワインの格付け・分類●産地の格付けと熟成年数の分類でタイプがわかる――76
スペインワインのラベル●熟成度の分類をチェック　同じ銘柄でも違う熟成度のものがある――78
リオハ地域●スペイン最高のワイン産地　伝統と近代化がミックスしている――80
カスティーリャ・イ・レオン州●リオハに肩を並べる赤ワインが生まれる――84
カタルーニャ州●近年注目の産地　長期熟成タイプの赤ワインができる――86
スペインの発泡性ワイン●シャンパンよりも身近な存在　気取らず飲みたい発泡性ワイン〝カバ〟――88
カスティーリャ・ラ・マンチャ州、ガリシア州●良質で親しみやすい味わい　手ごろな価格のワインがそろう――90

アンダルシア州●代表格のシェリー酒をはじめ　酒精強化ワインの銘醸地——92
シェリー酒●酵母の働きが輝かしい美酒を誕生させる——94
ポルトガル●ポートワイン、マデイラ、赤、白、ロゼ　次々と探検したくなる——96
ヴィニョ・ヴェルデ地方、ダン地方●早飲みワインに熟成ワイン、ロゼワインの王様までそろう——98
ポートワイン●宝石を溶かしたような艶と輝きをもつ——100
マデイラ酒●奇跡のワインの誕生は　熱や酸化のおかげ——104

第4章

—ジューシーな果実味があふれる— チリワイン アルゼンチンワイン

チリワインの特徴●恵まれた環境ではぐくまれるジューシーで豊満な味わい——108
チリのワイン生産地●日あたりがよく乾燥した夏が低農薬を後押しする——110
チリワインのラベル●醸造元の名前とぶどう品種をチェック——112
アコンカグア大地域●年に三〇〇日は晴れ　うまみの凝縮したぶどうが育つ——114
中央渓谷地方●気候の異なる四つの地区に　大規模ワイナリーが集まる——116
アルゼンチン●ヨーロッパ譲りの複雑な味わいのワイン——120

第5章

オーストラリアワイン ニュージーランドワイン

―安定した高品質を誇る―

オーストラリアワインの特徴●高品質で低価格　将来有望で人気が高い――124
オーストラリアのワイン生産地●安定した温暖な気候の南部が生産の中心――126
オーストラリアワインの分類●ブレンドするぶどうの品種が分類のきめて――128
オーストラリアワインのラベル●ぶどうの品種をチェック　ワインの味が推察できる――130
南オーストラリア州●国内最大のワイン産地　高級ワインの生産地としても名高い――132
ニュー・サウス・ウェールズ州●オーストラリアワイン発祥の地　いろいろなタイプのワインができる――134
ヴィクトリア州●〝英国民のぶどう畑〟から世界のぶどう畑へ――136
ニュージーランド●ソーヴィニヨン・ブラン種、シャルドネ種から　はつらつとした白ワインが誕生――138

第6章

ドイツワイン オーストリアワイン ハンガリーワイン

―ほのかな甘みでやさしい口あたり―

ドイツワインの特徴●フレッシュ&フルーティな飲みやすさが魅力――142
ドイツのワイン生産地●北の大地のミネラルを吸いあげたアロマティックなぶどうが育つ――144
ドイツワインの格付け●ぶどうの糖度が高いほど格付けも高い――146
ドイツワインのラベル●ラベルをみれば辛口か甘口か極甘口か、わかる――148
ラインガウ地方●朝霧に包まれるライン川沿い　エレガントな白ワインが生まれる――150
モーゼル・ザール・ルーヴァー地方●三つの川の流域で造られる白ワイン　繊細ですっきりした味わい――154
ラインヘッセン地方●ほんのり甘くて飲みやすい　〝聖母の乳〟が人気――158
ファルツ地方●ワイン街道沿いにメーカーが並ぶ大生産地――160
フランケン地方●ぽってりとした異色のボトルが目印　優秀な辛口ワインが生まれる――162
ヴュルテンベルク地方●フルーティでパワフルな赤のドイツワインも急成長――164
オーストリア●食中酒向きの辛口白ワインから極甘口のデザートワインまで――166
ハンガリー●金が溶け込んだ？　〝トカイワイン〟――168

第7章

ワインを楽しむための基礎知識

おいしく飲むためのポイント　Part1　購入、保存にも注意を――172
おいしく飲むためのポイント　Part2　ワインによっておいしい温度は違う――174
おいしく飲むためのポイント　Part3　グラスにこだわり、順番に気を配る――176
おいしく飲むためのポイント　Part4　色、香りも楽しむ――178
おいしく飲むためのポイント　Part5　料理と上手にあわせる――180
おいしく飲むためのポイント　Part6　醸造法も知っておきたい――182
もっと知りたいワインの世界　まだまだある世界のワイン生産地――184
もっと知りたいワインの世界　いちばん身近な日本のワイン生産地――186
あとがき――188
参考文献――190

ぶどうの種類の多さが
色とりどりの
ワインを生み出す

遊びごころのあるラベルはイタリアならでは楽しみ

陽気で明るいイタリアワインを飲むなら
“アモーレ!カンターレ!マンジャーレ!”
愛し、歌い、食べながら

第1章

—豊富なバリエーションが魅力—

イタリアワイン

ギリシアワイン

バラエティに富んだワインは陽気さにあふれている

イタリアは、ワインの生産量、消費量、輸出量のすべての面で、つねにトップを争うワイン王国だ。国土が南北に長く、気候風土もさまざまなので、ひじょうに多種類のぶどう品種が栽培されている。この多様なぶどうから造られるワインのバリエーションは他国を抜きんでており、専門家でさえ、日々新たな味を発見するくらいだ。

イタリアには、すばらしい白ワインもあるが、やはり主役となるのは赤ワイン。フランスとはひと味違う、陽気な赤ワインをたっぷり味わうことができる。

ワイン選びの目安に「格付け」があるが、イタリアの場合、法が規定する格付けと、品質あるいは価格がかならずしも一致しない。ラテン系のおおらかなイタリアらしく、法の規制にこだわらず、自由な発想で個性的なワイン造りを行なっているオーナーがけっこういるからだ。

これがイタリアワインをわかりにくくしているが、一方では規制の枠を超えた逸品を探り出す楽しみがある。格付けではわからない隠れた名品との出会いが、イタリアワインの魅力のひとつになっているのだ。

ワインの名前のつけ方はいろいろ

ワインの名前のつけ方はいくつかパターンがある。多いのは、産地名（州名、村名、畑名など）が銘柄名になっているものと、ぶどうの品種名がついたもの。この場合、同じ名前のワインを造る生産者が複数いることが多く、同じ名前のワインでも同じ味とはかぎらないのだ。

ほかに、伝説などに由来する名前や、生産者名がつくもの、造り手がつけたブランド名などもある。

なかには産地＋品種＋生産者＋ブランドと名前をつなぎ合わせたものも。覚えるのは大変だが、名前だけでワインの特徴がわかる。

イタリアワインを楽しむポイント

造られた地域によって
ワインの個性が
まったく違うわ
バランスのいい
中部イタリアのワイン
から試してみたら

いろいろな産地のワインを味わう

まずは北部、中部、南部の代表ワインを飲んでみよう

産地によって味ががらりとかわるイタリアワイン。気候や土壌の違いによって、ワインのタイプが異なることがよくわかる。
エレガントな北部のワイン、骨格のはっきりした中部のワイン、力強い南部のワインと、それぞれ一般的な特徴がある。入門には飲みやすい中部のワインがおすすめだ。

品種をチェック
イタリアで育つぶどうは数百種とも千種以上ともいわれている。

生産者をチェック
同じ産地、同じ品種で造ったワインでも、造り手によって味わいが異なる。

国中どこでもぶどうが育つ 産地によって味わいはいろいろ

おなじみのブーツ型をしたイタリア。この国は全体的に温暖な地中海性気候なので、ぶどうの栽培に適している。国中どこでもぶどうが栽培され、ワインが造られている。ただ国土が南北に長く、気候は北部と南部でずいぶん異なる。そのため、ワインの風味に個性が出る。

アルプス山脈の麓《ふもと》にあたる北部は、涼しい気候のためにぶどうがゆっくりと熟成し、風味が豊かな上質のワインができる。上級ワインの多くは、北部イタリア産である。

初心者におすすめなのは、温暖な気候の中部のワイン。多くのぶどう品種が栽培され、さまざまなタイプのワインが手軽な値段で楽しめる。日本でも有名な赤ワインのキャンティ（三〇ページ参照）は中部産だ。

暖かい南部はぶどうの生育がよく、イタリアの生産量の約四割を占めている。多くは気軽に飲めるテーブルワインだ。

イタリアには、一〇〇〇種以上のぶどう品種があるといわれる。あまり知られていない品種から、新たな風味のワインが誕生する可能性が高く、イタリアワインの将来は無限に広がっているといえるだろう。

つま先から広まったワインの歴史

イタリアでは、紀元前800年頃には、すでにぶどう栽培がはじまっていた。ギリシア人が、シチリア島やイタリア南部にぶどうの樹やワインの製造法を伝え、それが全土に広がったといわれている。ギリシア人は、自国よりぶどう栽培に適していたイタリアに羨望《せんぼう》の気持ちをこめて“エノトリーア・テルス（ワインの大地）”とよんだそうだ。

ローマ帝国がヨーロッパに勢力を拡大したときに、ワイン造りもフランスやドイツなどに伝わっていったといわれる。イタリアのワインの歴史は半島のつま先からはじまったといえるだろう。

北と南で個性は大きく違う

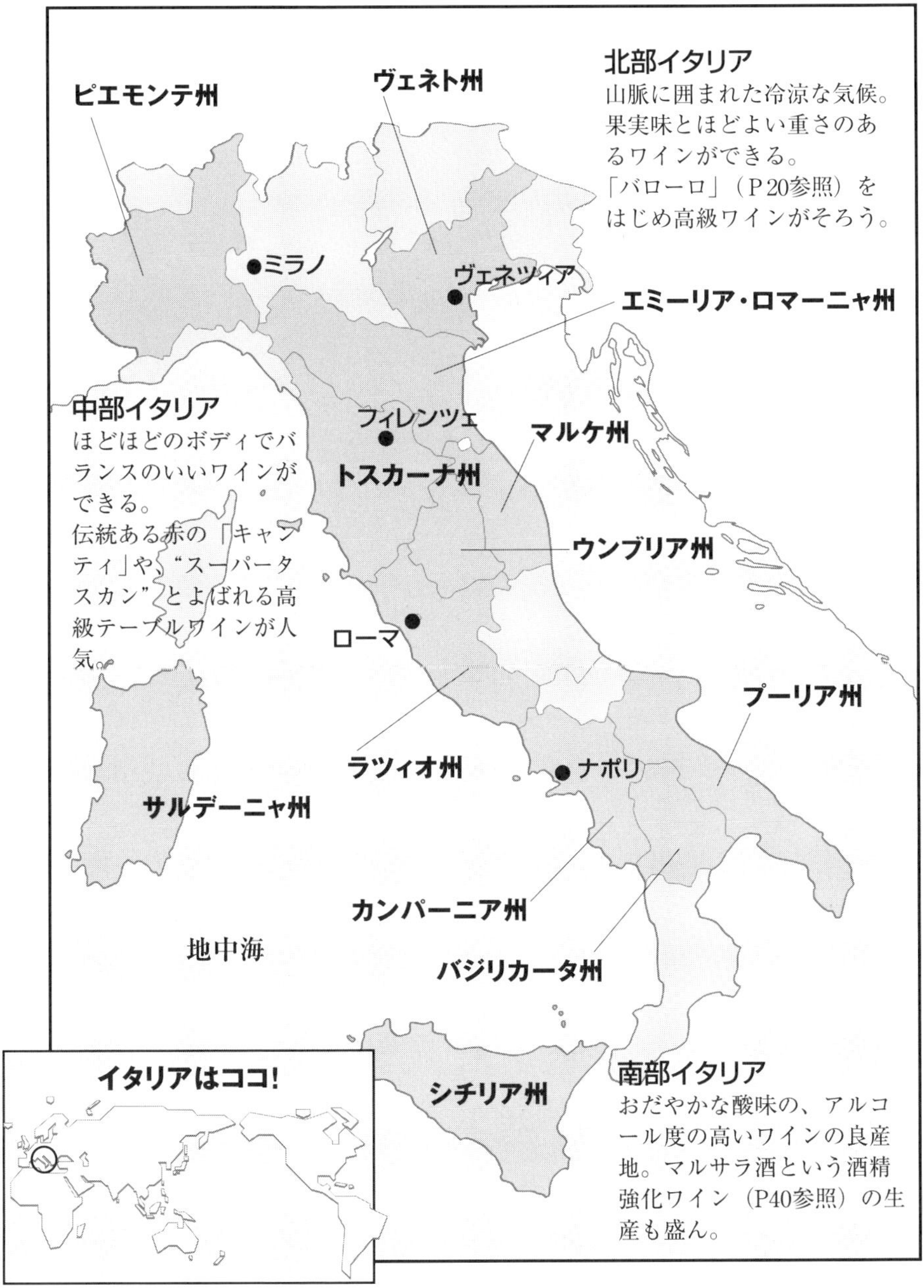
北部イタリア
山脈に囲まれた冷涼な気候。果実味とほどよい重さのあるワインができる。
「バローロ」（P20参照）をはじめ高級ワインがそろう。
ピエモンテ州
ヴェネト州
ミラノ
ヴェネツィア
エミーリア・ロマーニャ州
中部イタリア
ほどほどのボディでバランスのいいワインができる。
伝統ある赤の「キャンティ」や、“スーパータスカン”とよばれる高級テーブルワインが人気。
フィレンツェ
トスカーナ州
マルケ州
ウンブリア州
ローマ
プーリア州
ラツィオ州
ナポリ
サルデーニャ州
カンパーニア州
地中海
バジリカータ州
シチリア州
南部イタリア
おだやかな酸味の、アルコール度の高いワインの良産地。マルサラ酒という酒精強化ワイン（P40参照）の生産も盛ん。
イタリアはココ!

同じ銘柄を複数の生産者が造る格付け、分類を参考に

ワイン選びの目安のひとつに、ワイン法（DOC法）で規定された格付けがある。この法律では、原料、面積あたりの収穫量、製造方法、熟成方法・期間などのさまざまな基準によってワインを四段階のレベルに分けている。

四つのレベルのうち、上級のワインがDOC、さらに最上級がDOCGとよばれる。これら上級ワインは、生産者たちの品質協会と、国立品質保護委員会が審査して、品質を保証したワインということ。DOCGは約三〇銘柄あるが、イタリアでは、同じ銘柄を造る生産者が複数いることが普通だ。同じ銘柄でも同じワイン、同じ味とはかぎらない。

また、ワインの歴史が長い国だけに、造り方やアルコール度数、糖度などによる、さまざまな分類が残っている。イタリアワイン初心者にはわかりにくいが、その分類を知っていると、どのようなワインなのかがだいたいわかる（それぞれの分類の詳細は、一六、一七ページを参照してほしい）。このように格付けや銘柄だけでは分けられないのが、イタリアのワインのとてもおもしろいところだと思う。

ねぇ島ちゃん
イタリアワインを
飲むなら
なにがオススメ？
名前の頭文字が
Bのワインを
飲んでみたら

これは僕がまだイタリアワインを飲んでいない若い頃、教えてもらったこと。バローロ（P20参照）、バルバレスコ（P20参照）、ブルネッロ・ディ・モンタルチーノ（P30参照）の3銘柄のことだ。いずれもしっかり重みのある力強い赤ワインだ。

上級ワインの質は協会と国のダブル保証

指定地域優良ワイン

DOCG

Denominazione di Origine Controllata e Garantita

デノミナツィオーネ・ディ・オリジーネ・コントロラータ・エ・ガランティータ

統制保障付原産地呼称

最上級ワイン

イタリアワインの最高格付け。約30銘柄が承認されている。下のDOCよりも、さらに厳しい基準を満たしたワイン。
農林省発行のDOCGを示すシールがボトルの首部分に貼られる（P 19参照）。

DOC

Denominazione di Origine Controllata

デノミナツィオーネ・ディ・オリジーネ・コントロラータ

統制原産地呼称

上級ワイン

生産者協会や国家機関が州単位で定めた、品種や栽培法、収穫量、熟成期間などの基準を満たしたワイン。品質検査にも合格している。約300銘柄が認められている。

日常消費用ワイン

VdTIGT

Vino da Tavola Indicazione Geografica Tipica

ヴィノ・ダ・ターヴォラ・インディカツィオーネ・ジェオグラフィカ・ティピカ

地域特性表示

地酒

限定された地域で、推奨ぶどう品種で造られるワイン。その地域の特徴があらわれる地酒と考えればいい。
1992年に新しく設けられた区分だ。

VdT

Vino da Tavola

ヴィノ・ダ・ターヴォラ

テーブルワイン

イタリア国内で栽培されたぶどうで造られるテーブルワイン。DOC申請を行なっていない優良ワインも含まれる。価格は安価なものからDOCGのワインより高価なものまでさまざま。

単語からもワインの中身がわかる

ラベルや説明書きをみる

原料や造り方、味わい、醸造所などが特徴的な場合、ラベルや説明書きに、それをあらわす単語が書かれている。ワイン選びの参考になるので、いくつか紹介する。

造り方による分類

パッシート／レチョート
Passito／Recioto
収穫後のぶどうを陰干しして造る甘口ワイン（ヴェネト州産のみレチョートという）。

アマローネ
Amarone
収穫後のぶどうを陰干しして造る辛口ワイン。

ヴィン・サント
Vin Santo
収穫後のぶどうをわらの上で数ヵ月干して造るもので通称わらワイン。3タイプの甘さがある。

パッシートとアマローネの違い

陰干しして高めたぶどうの糖分をできるだけ残して造る甘口ワインがパッシート。発酵で目一杯糖分をアルコールにかえた辛口ワインがアマローネ。

ヴィノ・フリッツァンテ
Vino Frizzante
弱発泡性ワイン（P27参照）。

ヴィノ・スプマンテ
Vino Spumante
発泡性ワイン（P27参照）。

リクオローソ
Liquoroso
醸造のとき、アルコールか（ワイン用）ぶどう果汁、またはぶどうの蒸留液を添加したリキュールタイプのワイン。

甘さによる分類

ドルチェ／カッネリーノ	アマービレ	アッボカート／セミ・セッコ	セッコ／アシュート
Dolce/Cannellino 甘口	Amabile 中甘口	Abboccato/Semi Secco 薄甘口／中辛口	Secco/Asciutto 辛口／極辛口
1ℓあたりの残糖分が45g以上	1ℓあたりの残糖分が12～45g	1ℓあたりの残糖分が4～12g	1ℓあたりの残糖分が0～4g

ぶどう園による分類

クラッシコ
Classico
古くからある特定のぶどう園で造られたもの。

キャンティ（P30参照）やヴァルポリチェッラ（P28参照）などにクラッシコ表示がつくものがある。

熟成年数による分類

リゼルヴァ
Riserva
規定の最低熟成年数よりも長く熟成させたもの。

バローロ（P20参照）やキャンティなどにリゼルヴァの表示がつくものがある。

アルコール度数による分類

スペリオーレ
Superiore
規定の最低アルコール度数を超えているもの。

フラスカーティ（P38参照）やソアーヴェ（P28参照）などにスペリオーレの表示がつくものがある。

イタリアの新酒はヴィーノ・ノヴェッロというんだ

お洒落なイタリアンラベルはながめるだけでも楽しい

ワインの身の上は、ラベルにきちんと記載されているので、ラベルが読めれば、どのようなワインなのか推測できる。

たとえば、Ｒｉｓｅｒｖａ（リゼルヴァ）とあれば、ワイン法で規定されている熟成期間より長く熟成されたもの。また、Ａｓｃｉｕｔｔｏ（アシュート）と書いてあれば極辛口、Ａｍａｂｉｌｅ（アマービレ）なら中甘口のワインだ。

テーブルワインであるVdTは、地域名は表示されず、赤、白、ロゼというワインの色だけ表示されるので、ワインの色の単語を知っておくといい（下のコラム参照）。

イタリア語なので少々やっかいだが、ポイントとなる単語を覚えておけば、ワイン選びもより楽しくなる。イタリア語がわからなくても、裏ラベルに日本語の説明があるものもある。確認してみよう。

ファッションの国イタリアらしく、ラベルのデザインも魅力的だ。魚の形や曲線型など、お洒落なボトルも多い。語学ができなくても、ボトルやラベルをながめるだけでもイタリアワインは楽しい。

簡単ワイン用語講座　～イタリア語～

単　語	読　み	日本語訳
● Vino Rosso	ヴィーノ ロッソ	赤ワイン
● Vino Bianco	ヴィーノ ビアンコ	白ワイン
● Vino Rosato	ヴィーノ ロザート	ロゼワイン
● Chiaretto	キアレット	明るいロゼワイン
● Etichetta	エティケッタ	ラベル
● Vendemmia／Annata	ヴェンデッミア／アンナータ	収穫、収穫年
● Imbottigliato nel Origine／Messo in bottiglia del Produttore all`Origine	インボッティリアート・ネル・オリジーネ／メッソ・イン・ボッティリア・デル・プロドゥットーレ・アッル・オリジーネ	生産者元詰め（生産者が瓶詰めまで行なう）

ラベルやシールをチェックする

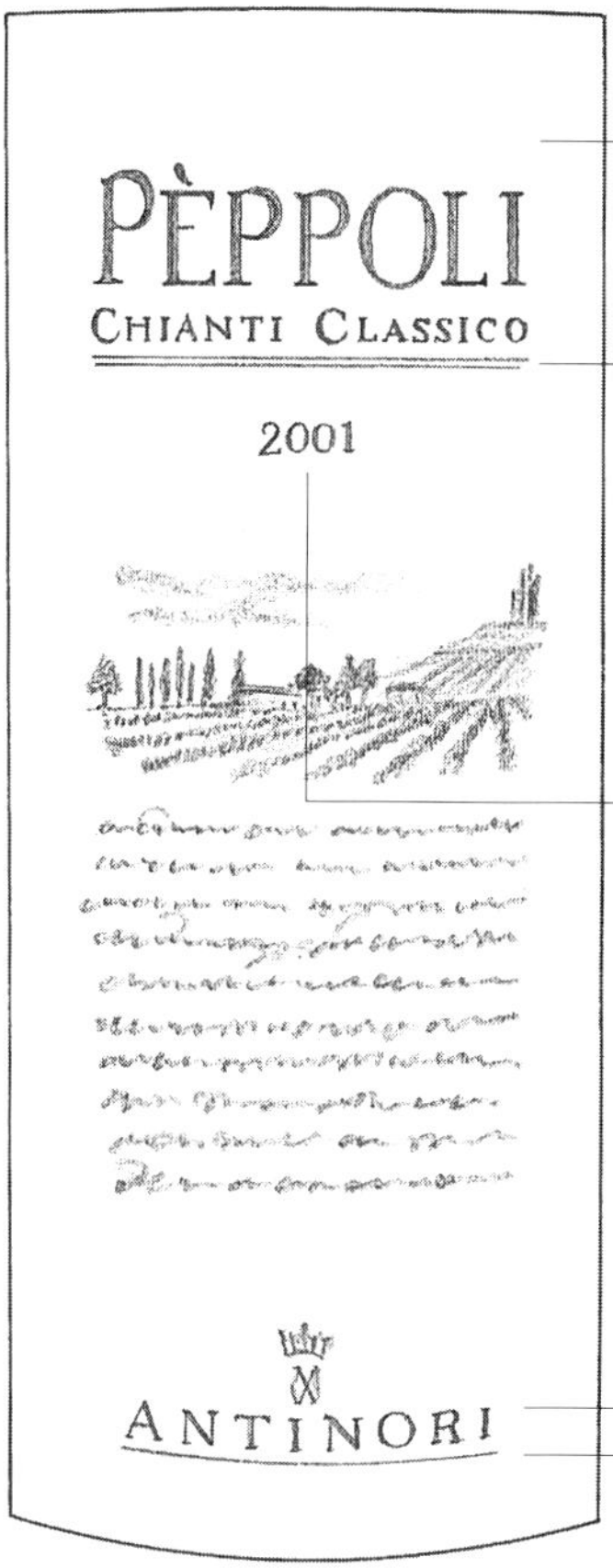

ワイン名
目立つ文字がワイン名のことが多い。このラベルは、生産者がつけた「ペポリ」という言葉と､DOCG銘柄名「キャンティ・クラッシコ」があわさった名前だ。キャンティ・クラッシコの造り手は多いが、ペポリとつくことで、ほかの生産者が造るものと区別しやすい。

収穫年
原料ぶどうが収穫された年。

生産者名
ワインの造り手の名前。このラベルの場合、アンティノーリ社と書いてある。

ほかに、ワイン法による格付けの表示、アルコール度数、容量、生産者の所在地や、16、17ページで紹介している熟成度などの表示も記載されることがある。

DOCGがひとめでわかる

最上級格付けDOCGの検査に合格したワインには、認定シールが交付される。ボトルの首やコルクの上の部分に貼ってある。

容量

赤ワインは薄いピンク色、白ワインは薄い黄緑色の長方形のシール。

ワイン名

毛並みのよい高級赤ワインがずらりと並ぶ

イタリアのなかでも、とくに品質の高いワインの産地で知られているのが、ピエモンテ州だ。DOCワインの数が、国内でももっとも多い。

ピエモンテとは、〝山の麓〟という意味で、その名のとおりアルプスの山懐に包まれた丘陵地帯である。アルプスの雪どけ水がポー川を通ってこの地を潤しており、肥《ひ》沃《よく》な畑で米作が盛んに行なわれている。

ピエモンテを代表する、というよりイタリアワインを代表するのが、州南部の小高い丘で造られるバローロ。古くから〝ワインの王、王のワイン〟とよばれてきたという、最上級赤ワインだ。ネッビオーロ種というぶどうから生まれるこのワインは、スミレやバラの香りが漂う、しっかりとした重みのあるタイプで、スパイスの香りもかすかに漂う。

同じネッビオーロ種から造られる、バローロの弟分にあたる赤ワインが、バルバレスコ。バローロより繊細な風味をもつのが特徴だ。

さらに、ガッティナーラという銘柄もネッビオーロ種から使られる辛口赤ワインだ。

これら極上のワインの飲み比べができたら、ぜいたくの極みだろう。

黒ぶどう

ネッビオーロ（Nebbiolo）

栽培地域は？

イタリア北部、ピエモンテ州をはじめ、チリなどでも栽培。地域によってキアヴェンナスカ種（Chiavennasca）、スパンナ種（Spanna）、ピクトゥネール種（Picutener）などの別名がある。

どんな品種？

タンニンが豊富で長期熟成に向く。晩熟で、秋の霞（ネッビアという）がかかる時期に収穫。イタリアの代表品種でバローロなどの赤ワインの原料。

どんなワインになる？

果実味があり、力強く濃厚なワイン。熟成とともになめらかで複雑な香りになる。

ピエモンテの赤といえばバローロ

バローロ
Barolo

「バローロ」(ジャコモ・コンテルノぶどう園)

北イタリア生まれの王様ワイン

バローロ村などでネッビオーロ種から造られる風味豊かながっしりしたDOCG赤ワイン。長期熟成タイプで、熟成につれて複雑でなめらかに。最低３年熟成される。生産者が多いため造り手にもよるが、飲み頃は熟成８年頃からといわれる。伝統的な熟成タイプのほかに新しいスタイルのものなどいろいろある。

注目の造り手

●ジャコモ・コンテルノぶどう園

1770年創業の老舗。伝統的なスタイルのバローロを造る著名な生産者。同社がぶどうの出来のいい年にだけ造る、長命なバローロ“モンフォルティーノ”というワインもある。

●マルケーシ・ディ・バローロ

ピエモンテ州でバローロをはじめ、いろいろな銘柄のワインを造る著名な造り手。同社のバローロは、コクのある伝統的な味わい。バローロ“エステータ・ヴィニャード”という名前がついている。

●ドメニコ・クレリコ

バローロ・ボーイズ（下参照）の代表格として高い評価をもつ。同社のバローロは、典型的なバローロと異なり、熟成の早いうちからコクがありなめらか。風味豊かな新しいスタイル。

新しいスタイルのバローロ

伝統的な生産者に対し、革新的なバローロ生産者のグループをバローロ・ボーイズという。

ぶどうの色素を抽出し、タンニン（渋み）は抽出し過ぎないなどの方法で、深い色でフルーティなバローロを造る。熟成を待たずに楽しめるのが魅力。

赤ワインが得意なピエモンテ州

バルバレスコ
Barbaresco

バローロに並ぶ上質な赤

バルバレスコ村を中心にネッビオーロ種から造られるDOCG銘柄の辛口赤ワイン。バローロより繊細で上品なものが多い。最低熟成期間は2年で、4年熟成以上はリゼルヴァ（P17参照）と表示できる。

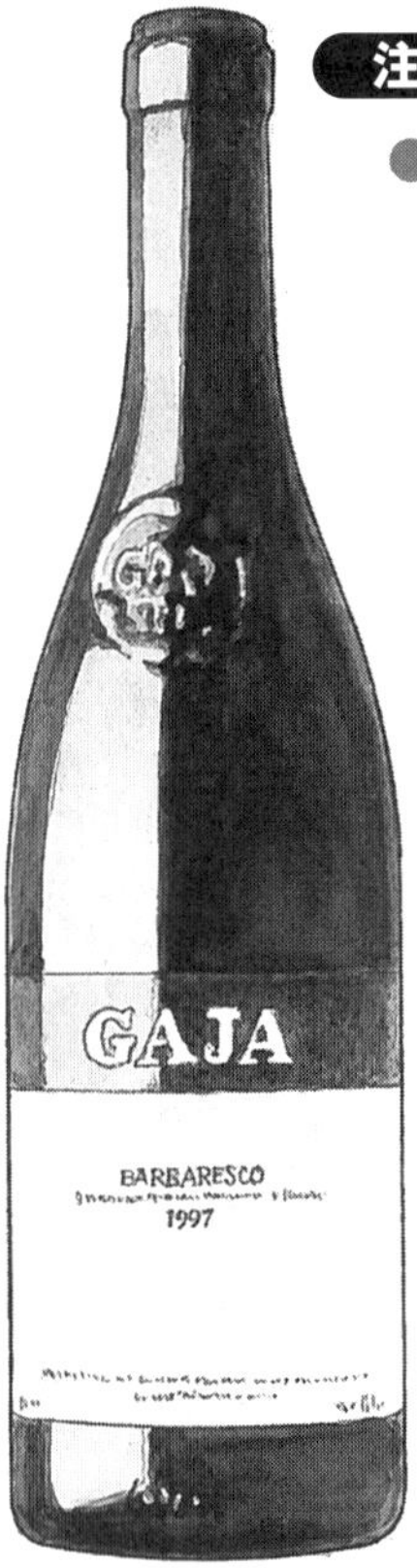
GAJA
BARBARESCO
1997

注目の造り手

●ガイア社

ガイア社は、イタリアワインの質を世界レベルに上げた立役者といわれる。

量より質を重視したワイン造りを行ない、バルバレスコの改革者として知られる。高級テーブルワインやDOCワインなども多数造っている。

お飲み物は？
ガヤガヤしているから赤ワインのGAJA《ガヤ(ガイア)》
バカ

ガッティナーラ
Gattinara

タンニンの豊富な辛口ワイン

ガッティナーラ村でネッビオーロ種（この地方ではスパンナとよぶ）から造られる辛口赤ワイン。バローロの約10分の1の生産量しかない。最低熟成期間は3年。DOCG銘柄のひとつだ。生産者はアントニオーロ社など。

ゲンメ
Ghemme

97年にDOCからDOCGに昇格した赤ワイン。伝統的なイタリアワインのスタイルをもつ。デッシラーニ・ルイジ&フィーリョぶどう園などが造っている。

バルベーラ・ダルバ
Barbera d' Alba

クーネオ県のアルバなどの村でバルベーラ種から造られる若々しい赤ワイン。DOC銘柄。オベルト・アンドレア社、ヴィエッティ社などが造る。

バルベーラ・ダスティ
Barbera d' Asti

アスティ県などの村でバルベーラ種から造られているDOC赤ワイン。果実味があり、なめらかな味わい。ブライダ社をはじめ複数の生産者がいる。

注目の造り手

●ブライダ社

ブライダ社はピエモンテを代表する造り手のひとつだ。同社のバルベーラ・ダスティ“ブリッコ・デル・ウチェローネ”は、小樽で12ヵ月熟成させてある。
重厚感があり、まろやかな口あたりが楽しめる。

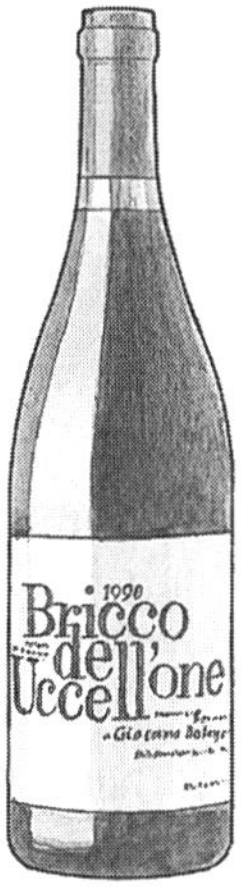

ドルチェット・ダスティ
Dolcetto d' Asti

アスティ県などの村でドルチェット種から造られるバランスのいい赤ワイン。花や果実の香りがある。DOC銘柄。複数の造り手がいる。

バルベーラ
Barbera

ピエモンテ州が主産地の黒ぶどう。深い色の果実味豊富なワインができる。

ドルチェット
Dolcetto

ピエモンテ州で栽培される黒ぶどう。早飲みタイプのワインや長期熟成タイプのワインになる。

ドルチェット・ダルバ
Dolcetto d' Alba

アルバなどの村でドルチェット種から造られている明るい色の赤ワイン。DOC銘柄。カ・ヴィオラなどの生産者がいる。

切れ味のよさが魅力 伝統を誇る白ワインができる

ピエモンテ州は、赤ワインだけでなく、古くから白ワインの産地でもある。赤ワインほど極上のものはないが、良質でしかも気軽に飲めるタイプがたくさん造られている。

代表的なのが、コルテーゼ種というぶどうから造られる白ワインのガーヴィ。イタリアでもっとも人気のあるワインのひとつ。切れ味のよいフレッシュな辛口タイプだ。さわやかな舌ざわりが魅力的で、香りがとくに高く、しっかりした風味をもつ。ガーヴィ・デ・ガーヴィ（ガーヴィのなかのガーヴィ）という名前のものもある。

甘口では、モスカート・ビアンコ種から造られるアスティという銘柄が有名だ。

ピエモンテ州の白ワインにかぎらず、イタリアの白ワインは全体的に、軽快でフルーティ、しかも個性が豊かだ。魚介類はもちろん、どのような料理にもマッチする。乾いた大気のなかで、少し冷やして飲む白ワインは、最高の食中酒になる。

赤ワインだけでなく、ぜひ白ワインも賞味してほしい。

白ぶどう

コルテーゼ（Cortese）

栽培地域は？

主に、イタリアのピエモンテ州を中心とする北イタリアで栽培されている。
ロンバルディーア州でも栽培されている。

どんなワインになる？

辛口のすっきりしたワインに仕上がる。軽い口あたりで飲みやすい。ワインの色が黄色っぽく麦わら色になるのが特徴。
ピエモンテ州の白ワイン、ガーヴィの原料となる。

食べないんですか
島さん
このパスタと
白ワイン
すごく相性が
いいですよ

北イタリアの白ワインは、生がきなどの魚介類によくあう。あさりのスパゲティにもぴったり。

軽い口あたりで飲みやすい白ワイン

ガーヴィ
Gavi

辛口で切れ味すっきり

ガーヴィなどの村で、コルテーゼ種から造る辛口白ワイン（コルテーゼ・ディ・ガーヴィともいう）。切れ味が鋭くすっきりした味わい。10度程度に冷やして飲むといい。ヴィッラ・スパリーナ社、ベルサーノ社などが造っている。

アスティ
Asti

ほんのり甘く飲みやすい

モスカート・ビアンコ種を使った甘口ワイン。モスカート・ダスティともいわれる。発泡するものはアスティ・スプマンテという。いずれもDOCG銘柄。造り手はラ・スピネッタ社、ミケーレ・キャルロ社など。

発泡性ワイン〝スプマンテ〟きりっと冷やして楽しみたい

シュワシュワっと細かい泡が立ち上る華やかな発泡性のワインは、デートやお祝いの席にぴったり。発泡性ワインというと、シャンパンを思い出す人が多いだろうが、シャンパンはフランスのシャンパーニュ地方で造られる発泡性ワインのこと。じつはイタリアにも、シャンパンにけっしてヒケをとらない上質の発泡酒がある。

イタリア産発泡性ワインは、〝スプマンテ〟とよばれている。ワインを発泡させる方法には、瓶詰めして二次発酵させるシャンパーニュ方式と、ステンレスタンクで二次発酵させるシャルマー方式がある。どちらも二次発酵によって生じる炭酸ガスが、微細な泡となって残る。

イタリアが誇るのが、ピエモンテ州で造られているアスティ・スプマンテ（二五ページ参照）。これはシャルマー方式で造られているが、一次発酵で生まれた炭酸も残しているため、味わいはとてもフレッシュ。

スプマンテは、七段階の甘さに分けられており、それぞれ名称がつけられている。どの甘さのものを選ぶかも、スプマンテ選びの楽しさのひとつになっている。

モスカート・ビアンコ（Moscato Bianco）　白ぶどう

栽培地域は？

イタリアでは、ピエモンテ州で主に栽培されている。

フランスで栽培されているミュスカ種と同品種で200種以上の変種があるといわれる。

どんな品種？

香りが豊かで、フルーティな甘さがある。

やや緑色のぶどう。

どんなワインになる？

さわやかな甘みのあるスプマンテなどの発泡性ワインになる。

フランスでは芳醇な天然甘口ワインのヴァン・ドゥ・ナチュレの原料に使われている。

泡立ちも甘さも色も選べる

好みの泡立ちを選ぶ

ガス圧（高→低）

高　スプマンテVino Spumante
20度で３気圧以上のワイン。比較的強い泡立ち。

低　フリッツァンテVino Frizzante
20度で1～2.5気圧のワイン。スプマンテよりおだやかな泡。

好みの甘さを選ぶ

糖度（辛口→甘口）

	（表示）	（読み）	（残糖分）
辛口	Pas Dose	パス・ドセ	0g/ℓ
	Extra Brut	エクストラ・ブリュット	0～6g/ℓ
	Brut	ブリュット	0～15g/ℓ
	Extra Dry	エクストラ・ドライ	12～20g/ℓ
	Secco	セッコ	17～35g/ℓ
	Semi Secco	セミ・セッコ	35～50g/ℓ
甘口	Dolce	ドルチェ	50g～/ℓ

CA'DEL BOSCO

○ **フランチャコルタ“アンナマリア・クレメンティ”**
（カ・デル・ボスコ社）

イタリア最高峰の発泡性ワイン。花や果実の豊かな香りが広がる。上質な発泡性ワインだけあって、きめ細やかな泡が長時間立ち上りつづける。フランチャコルタはDOCG名。

うーん 繊細な 香りだ 赤い スプマンテも いいですね

赤い発泡性ワインもある
意外かもしれないが、発泡性ワインには赤もロゼもある。ブラケット・ダックイ（DOCG銘柄）というワインは近年人気のある甘口の赤のスプマンテだ。輝かしいルビー色を楽しもう。

上品な香りで愛される三銘柄が有名

ポー川の流域にあるヴェネト州は、ピエモンテ州に並ぶ、銘醸ワインの生産地だ。半分以上が平地で、延々と連なる果樹園の上に、やわらかい太陽の光がさんさんと降り注いでいる。

ヴェネト州のなかでもワイン生産が盛んなのは、「ロミオとジュリエット」の舞台であるヴェローナ市を中心とする一帯。ソアーヴェというフルーティで美味な白ワイン、ヴァルポリチェッラという繊細な味の赤ワイン、ガルダ湖近くの辛口赤ワインのバルドリーノなどが有名だ。

この地域には、バラエティに富んだワインがある。たとえば、陰干ししたぶどうから造られるレチョートという甘口タイプ。ソアーヴェのレチョートは有名だ。ヴァルポリチェッラなどには、やはり陰干しぶどうから造る、アマローネと表示された辛口タイプもある。

陰干しぶどうを使ったワインには、かすかに甘苦さも感じられる。というと眉をひそめる人もいるかもしれないが、食前酒のカンパリなどのように、イタリアには苦みを尊重する文化がある。甘苦さをスパイスとしたイタリア特有の風味を、じっくりと味わってみよう。

黒ぶどう

コルヴィーナ（Corvina）

栽培地域は？

イタリアのヴェネト州で主に栽培されている品種。
コルヴィーナ・ヴェロネーゼ（Corvina Veronese）ともいわれる。

どんなワインになる？

軽快でフレッシュな味わいの赤ワインになることが多い。ヴァルポリチェッラやバルドリーノといったワインの原料に使われている。
また、ぶどうを陰干ししてからワインにすることで、甘口タイプのレチョートや辛口タイプのアマローネにもなる。

さわやかなワインは人気者

ソアーヴェ
Soave

繊細な香りで魚介料理にあう
イタリアの代表的な辛口白ワインで、魚介類と相性がいい。スペリオーレやクラッシコ・スペリオーレがつくものにはDOCGに昇格したものがある。ピエロパン社、ジーニ社などの生産者がいる。

レチョート・ディ・ソアーヴェ
Recioto di Soave

陰干しぶどうで造る甘口ワイン
陰干しで糖度を高めたぶどうで造るソアーヴェの甘口タイプ。1998年にDOCGに昇格した。ピエロパン社などが造っている。

バルドリーノ
Bardolino

軽やかな早飲みタイプ
コルヴィーナ種などで造る赤やロゼ（キアレット）の辛口ワイン。軽い飲み口。スペリオーレやクラッシコ・スペリオーレがつくものにはDOCGのワインもある。

トマジ社、マアジ社などの生産者がいる。

ヴァルポリチェッラ
Valpolicella

ヴェローナの王子といわれる
コルヴィーナ種を主体に造る比較的早飲みの赤ワイン。「王子」の愛称にぴったりのさわやかな味。陰干しぶどうで造るレチョートタイプ（甘口）やアマローネタイプ（辛口）もある。

注目の造り手

●**ジュゼッペ・クインタレッリ社**
この地域の最上の造り手として名高く、陰干しぶどうで造るワインの先駆者としても有名。

左のボトルのヴァルポリチェッラは、上品な口あたりと濃密さで別格の味わい。また、同社が陰干しぶどうから造る長命な「アマローネ・デッラ・ヴァルポリチェッラ」も人気が高い。

アマローネタイプは“ヴェローナの王”

陰干しぶどうで造る「アマローネ・デッラ・ヴァルポリチェッラ」は、凝縮した味わいや風味から人気が高く、王とも宝石とも称えられる。著名な造り手はジュゼッペ・クインタレッリ社、マアジ社、サンタントニオぶどう園、ゼナート家など。

肉料理にぴったり 厚みのある赤ワインの宝庫

トスカーナ州といえば、花の都フィレンツェ。この美しい州都の周辺で造られているワインが、有名なキャンティだ。イタリアワインのことはあまり知らなくても、イタリアンレストランなどでキャンティを飲んだことのある人は多いだろう。タンニンがしっかりしたコクのある赤ワインだが、軽いタッチもあって、だれにでも親しめる。

キャンティには七〇〇年の歴史があるが、現在の味わいの基礎ができたのは、一九世紀のこと。ベッティーノ・リカソリ男爵が、黒ぶどうのサンジョヴェーゼ種を中心に、ほかの黒ぶどうや白ぶどうを混ぜた配合をきめ、また従来の醸造法を、古代ローマ時代から伝わっていたゴヴェルノ法にかえた。この方法は、黒ぶどうの発酵が終わる直前に、白ぶどうの果汁を加えて、連続的に発酵させるというもの。これによって、渋みによるコクと、酸味によるフレッシュさが増して、まろやかな味になるのだ。この醸造法は現在、早飲みタイプのワインにのみ許されている。

キャンティ以外にも、赤ワインのブルネッロ・ディ・モンタルチーノ、カルミニャーノなど、楽しめるワインがいっぱいある。

黒ぶどう

サンジョヴェーゼ（Sangiovese）

栽培地域は？

トスカーナ州を中心にイタリア各地で栽培されていて、イタリア最大の栽培面積を誇る。フランスのコルシカ島やアメリカでも栽培されている。変種や別名が多い。

どんな品種？

赤みのあるぶどう。比較的ゆっくりと熟していく。

どんなワインになる？

アルコール分が高く酸味のある、長期熟成タイプの赤ワインになる。スミレのような香りが特徴。キャンティなどの原料。

知名度抜群のイタリアワイン

キャンティ
Chianti

気軽に飲める軽口ワイン
サンジョヴェーゼ種が主体の軽快でフルーティな味わい。DOCG銘柄。畑は膨大にあり多くの生産者がいるため、味わいはさまざま。生産者はフレスコバルディ社など。

キャンティ型のボトル
いまはあまりみかけないスタイルだが、キャンティ特有のボトル。ずんぐりした形で下半分にわらが巻いてある。

「キャンティ」
（チェッキ社）

キャンティ・クラッシコ
Chianti Classico

料理にあわせて心地よく飲める
キャンティのなかでも、かぎられた産地で造られるワインのDOCG銘柄。生産者によるが、キャンティより風味が豊かでコクがあるものが多い。生産者はラ・マッサ社、アンティノーリ社、モンサントぶどう園など多数。

注目の造り手

●ラ・マッサ社
ラ・マッサ社が造るキャンティ・クラッシコ“ジョルジオ・プリモ”（左のボトル）はきわめて高い評価と人気がある。

雄鶏のマークで一目瞭然のクラッシコ

左はキャンティ・クラッシコの生産者たちが構成するキャンティ・クラッシコ協会のマーク。協会加入者のワインのボトルの首部分に貼ってある。もちろん協会には未加入でも優良な造り手はいる。

中心に描かれているのはガッロ・ネッロという「黒い雄鶏」

たくさんあるトスカーナの銘醸ワイン

ブルネッロ・ディ・モンタルチーノ
Brunello di Montalcino

たくましい銘醸ワイン
モンタルチーノ村を中心に、ブルネッロ種から造られている赤ワイン。力強い香りとイタリア屈指のボディのある長期熟成タイプ。イタリアを代表する偉大な赤ワインのひとつだ。DOCG銘柄。

注目の造り手

●カステロ・バンフィ社
カステロ・バンフィ城がある一帯の広大な畑を所有する会社。最新技術を駆使する一方、ぶどうを手摘みで収穫するなどこだわりも強い。同社のワインは力強くかつ洗練された味わいで高い評判を得ている。

●フレスコバルディ社
イタリアの名門中の名門。同社のブルネッロ・ディ・モンタルチーノ“カステル・ジョコンド”は重厚なコクが魅力。

「ブルネッロ・ディ・モンタルチーノ」（カステロ・バンフィ社）

ブルネッロ
Brunello
トスカーナ州のモンタルチーノ村を中心に栽培されている黒ぶどう。高級ワインの原料に使われている。サンジョヴェーゼ種から分かれた品種。

ロッソ・ディ・モンタルチーノ
Rosso di Montalcino

ブルネッロ・ディ・モンタルチーノの弟分
モンタルチーノ村で造られる赤ワイン。長期熟成タイプのブルネッロ・ディ・モンタルチーノに比べ早くから飲めて、手ごろな値段だ。格付けはDOC。
造り手はサルヴィオーニなど複数いる。

ヴィーノ・ノビレ・ディ・モンテプルチャーノ
Vino Nobile di Montepulciano

上品で高貴な赤ワイン
モンテプルチャーノなどの地域で造られるDOCG銘柄。優美な味わい。生産者はアヴィニョネージ社など。

カルミニャーノ
Carmignano

繊細な赤ワイン
明るい赤色でまろやかな風味。複雑さと繊細さもある。DOCG銘柄。カペッツァーナぶどう園などの生産者がいる。

ヴェルナッチャ・ディ・サン・ジミニャーノ
Vernaccia di San Gimignano

黄金色の辛口白ワイン
サン・ジミニャーノ村で造られているフレッシュな白ワイン。DOCG銘柄。造り手はトルチャーノ社など。

こんなに力強い赤ワインは久しぶりに味わいました
パワフルだけどなめらかで飲みやすい

格付けはいちばん下でも超一流のテーブルワインが続々と

格付けのいちばん下位であるＶｄＴワインといえば、日常の食卓などで手軽に飲める、いわゆるテーブルワインをさしている。値段にすると、日本円ならせいぜい数百円といったところだ。

ところが同じＶｄＴなのに、何千円もする高価なワインが存在する。なかには供給が需要に追いつかずにプレミアがつき、数万円という高値に高騰しているものさえあるのだ。

この〝スーパーテーブルワイン〟の造り手のひとりが、トスカーナ州のアンティノーリ社。同社はキャンティの品種サンジョヴェーゼ種と、フランス・ボルドーの代表品種カベルネ・ソーヴィニヨン種を混合させたワインを造ったが、格付けの規定からはＶｄＴの評価しか受けなかった。ところがこれが海外で高く評価されて、値段が高騰したという。同じように個性あふれるワインを造りだすメーカーは相次いでいる。

国からＤＯＣというお墨付きをもらわなくても、新しい発想で自由に個性的なワインを造ろうとする、いかにもイタリア人らしい自由な感性が、スーパーテーブルワインを誕生させているといえる。

イタリアワインの優良年

よい天気が続くと、ぶどうの糖度が高まり濃厚なワインが期待できる。このような年があたり年。あたり年の高級ワインは長期熟成による味の向上が期待できるが、飲み頃まで時間がかかる。

天候のよくない年は、酸味が多い軽い味になりやすく飲み頃は早い。収穫年（ヴィンテージ）の評価を参考に、飲み頃を楽しみたい。

ピエモンテ（赤）	トスカーナ（赤）
2001★	1999★
2000★	1998★
1999★	1997★
1998★	1995★
1997★	1990★
1996★	1985
1995★	
1993	
1990★	
1989★	
1988★	
1985★	

★印はとくに評価の高い年。

話題をよんだスーパータスカン

○ ティニャネロ
（アンティノーリ社）

1971年、サンジョヴェーゼ種に、カベルネ・ソーヴィニヨン種などをブレンドして誕生した銘柄。アンティノーリ社はこれにつづき、1978年から「ソライア」という銘柄も造っている。

○ サッシカイア
（サン・グイードぶどう園）

サッシカイア（サン・グイードぶどう園）は、93年までスーパータスカンのけん引役だったが、評価が高まったせいか94年にＤＯＣに格上げされている（ＤＯＣボルゲリ・サッシカイアとなる）。イタリア最高峰の赤ワインだ。

スーパータスカンとは？

トスカーナ地方で造られ、最高級の品質がありながら、法律上はテーブルワインの格付けに入っているワイン。

こちらの
ワインは
いかがでしょう
サッシカイア
1980年
SASSICAIA
1980

あ それいいわね
じゃ このワインと
差し替いや……
なーんてね

○ マッセート
（オルネライアぶどう園）

サッシカイアの産地の近くで造られるメルロ100%の高級ワイン。リッチな味わい。

○ テヌータ・ディ・トリノーロ
（トリノーロぶどう園）

ぶどうの収量を減らしうまさを凝縮。評判が高く、高値がついている。

○ ルピカイア
（テリッチオぶどう園）

重量感のあるボルドータイプでサッシカイアのライバルといわれている。

Lupicaia
1999

食事と一緒に楽しめる軽快で気軽なワインが得意

ルネッサンス発祥の地フィレンツェを抱えた、中部イタリアの中心トスカーナ州は、文化とともに美食が発達した地だ。そのため周辺には、おいしい食材の産地がたくさんある。

たとえばエミーリア・ロマーニャ州は、生ハムやバルサミコ酢、チーズの産地として有名だ。ワインの生産も盛んで、代表的なワインとして、アルバーナ・ディ・ロマーニャがある。アルバーナ種という一三世紀からあった品種から造られる白ワインだ。

トスカーナ州の東にあるウンブリア州は、ローマ時代から〝緑の心臓〟とよばれた農村地帯。ここで造られるワインは、白が圧倒的に多い。トレッビアーノ種から造られるオルヴィエートというワインが有名だ。

南部イタリアでは、ナポリを州都とするカンパーニア州で造られるタウラージが人気。アリアーニコ種から造られる力強い赤ワインだ。

おいしい料理をたっぷりと、そして美酒もたっぷりと飲んで、おおいに食事を楽しむのがイタリア流。どのような料理にもあわせやすいワインで、イタリア流の豪快さを味わってみてほしい。

白ぶどう

トレッビアーノ

Trebbiano

トスカーナ州をはじめ、エミーリア・ロマーニャ州など各地で栽培されている。口あたりのいいオルヴィエートなどの白ワインの原料になる。フランスではユニ・ブランという名で、ブランデーの原料になる。

黒ぶどう

ランブルスコ

Lambrusco

イタリアのエミーリア・ロマーニャ州が主生産地。栽培される地方によって多くのよび名をもっている。
微発泡のある赤、ロゼワインの原料に使われている。

軽い口あたりの中部イタリアのワイン

エミーリア・ロマーニャ州
Emilia-Romagna

塩焼きにしたり
蒸した魚介類に
オリーブオイルや
レモン、にんにくの
シンプルな味付けです
さわやかな白ワインが
あいますよ
Roma Saba

ランブルスコ・ディ・ソルバーラ
Lambrusco di Sorbara

食事の友に最適のワイン
微発泡しているやや甘口の赤、ロゼワイン。DOC銘柄。
少し冷やしてフレッシュな爽快感を楽しむといい。ジャコバッツィ社などの生産者がいる。

マルケ州
Marche

ヴェルディッキオ・デイ・カステッリ・ディ・イエージ
Verdicchio dei Castelli di Jesi

胴にくびれのあるボトル入り
古代のワイン壺をかたどったボトルに入った白ワイン。繊細な香りの辛口タイプが多い。格付けはDOC。ガロフォリ社などが造っている。

ウンブリア州
Umbria

オルヴィエート
Orvieto

イタリアを代表する白ワインのひとつ
丘の上の都市オルヴィエートで造られているワイン。口あたりがよく飲みやすい。甘口から辛口まである。格付けはDOC。生産者はアンティノーリ社、レ・ヴェッテ社など多数。

まだまだある中部イタリアの白ワイン

ラツィオ州
Lazio

エスト!エスト!!エスト!!!・ディ・モンテフィアスコーネ
Est!Est!!Est!!! di Montefiascone

これだ！と叫びたくなるうまさ

ラツィオ州でもっとも有名な白ワイン。格付けはDOC。きめ細やかなすがすがしい味は魚介料理と好相性。生産者はイタロ・マツィオッティ社、カルピネート社など。

ネーミングの由来は?

「エスト」は「これだ」という意味。12世紀、食い道楽の司教がローマに行く際、従者に先に行かせ、うまい店の戸口にエストと目印を書くよう命じた。従者はある店の白ワインのあまりのうまさに、「エスト！エスト!!エスト!!!」と書いた。あとから着いた司教はワインを堪能、ローマに来た用も忘れて飲み続け、飲み過ぎで死んでしまったという。

フラスカーティ
Frascati

現地でも人気の白ワイン

トレッビアーノ種とマルヴァジーア種をブレンドした軽快な味わい。辛口、中甘口、甘口の3タイプある。DOC銘柄。カステル・ディ・パオリス、チェルケッタ社などの生産者がいる。

今夜の酒は中辛口の白ワイン
う〜ん至福じゃ
1985
Frascati

白ぶどう

マルヴァジーア
Malvasia

イタリア全域で栽培されるほか、ポルトガルやフランスで栽培されている。ラツィオ州のフラスカーティなどのワインに使われている。香り豊かでフルーティ。

南部のワインはのびのびした味わい

南部は太陽輝くおおらかな気候。ぶどうは、寒さなどのストレスもなくスクスクと育つ。ワインも北部産のような鋭い切れ味はかげをひそめ、ふくよかな味わい。太陽のもとでたっぷり味わいたい。

カンパーニア州
Campania

タウラージ
Taurasi

長命な深い味わい

温暖な地でアリアーニコ種から造られる辛口の赤ワイン。DOCG銘柄。フェウディ・ディ・サン・グレゴリオ社などが造っている。

ヴェズーヴィオ
Vesuvio

キリストの涙のワイン

ヴェズーヴィオ火山の麓で造られる赤、白などのワイン。

アルコール12度以上はラ・クリマ・クリスティ（＝キリストの涙）の呼称を追加表示できる。

注目の造り手

●**マストロベラルディーノ社**

歴史ある名門生産者。ぶどうの個性を引き出す造りで、軽快な赤と白などを造る。度数は12度以上なので、「ラ・クリマ・クリスティ・デル・ヴェズーヴィオ」という名前（左のボトル）。

バジリカータ州
Basilicata

アリアーニコ・デル・ヴルトゥレ
Aglianico del Vulture

芳醇な赤ワイン

リオーネロ・イン・ヴルトゥレなどの村でアリアーニコ種から造られているワイン。DOCG銘柄。生産者はパテルノステル社など。

黒ぶどう

アリアーニコ
Aglianico

主に南部で栽培され、イタリアを代表するぶどうのひとつ。タウラージなど、ガーネット色で複雑な風味をもつ力強いワインになる。

プーリア州
Puglia

カステル・デル・モンテ
Castel del Monte

コクのあるやわらかな味わい

南イタリアで造られる赤、白、ロゼワイン。DOC銘柄。山の城という意味の名前。造り手はリヴェーラ社など。

甘みの強いぶどうが育つ著名なワインはマルサラ酒

ブーツのつま先に近いイタリア最大の島シチリア州と、地中海に浮かぶ第二の島サルデーニャ州は、地中海の太陽がぶどうの樹を育ててくれ、ワイン造りには最高の地だ。

ただし、どちらも、造り手によってできるワインの味が大きく違う。平凡な味のものも多いが、うまい造り手によるものは繊細で深い風味のある最高の逸品になる。

シチリアでもっとも有名なマルサラ酒にしても同じことがいえる。マルサラは、イギリスのネルソン提督が愛飲したことでも名が知られている酒精強化ワインだ。酒精強化ワインとは、ワインにほかのアルコール類を添加したもの。マルサラは、ブランデーや濃縮果汁を加えたもので、シェリー、ポートワイン、マデイラという世界の三大酒精強化ワインにつぐものとして考えられている。

甘みの強いマルサラもでまわっているが、良質なものは辛口タイプに多い。最高のものは、なめらかな舌ざわりで、アーモンドのような風味があり、たとえようもなく魅力的だ。

ワインは製法で4つのタイプに分類できる

スティル・ワイン
もっとも一般的なワイン。赤、白、ロゼの３つがある。非発泡性ワインともいう。

発泡性ワイン
炭酸ガスが溶け込んでいて、泡の立つワイン。イタリアではスプマンテという。

フォーティファイド・ワイン
（酒精強化ワイン）
醸造途中でアルコールを添加し、コクや度数、保存性を高めたワイン。シェリーやマルサラなど。

フレーヴァード・ワイン
（混成ワイン）
スティル・ワインに薬草などを加えたワイン。代表的なのはイタリアのヴェルモット。

島で育つぶどうで造るワインは独特の味わい

シチリア州
Sicilia

マルサラ
Marsala

なめらかで芳醇な酒精強化ワイン

長期熟成が可能。ポルトガルのマデイラ（P104参照）をまねて造ったといわれる。造り手はカルロ・ペレグリーノ社など。煮込み料理やソテーの仕上げに使われることも。

マルサラは
お菓子や料理に
よく使うけれど
もちろん
飲んでも
おいしいのよ

熟成度による分類

マルサラ・フィーネ
1年以上熟成されている。やや甘口の軽いものが多い。

マルサラ・スペリオーレ
2年（リゼルヴァは4年）以上熟成。辛口が多い。

マルサラ・ヴェルジーネ
5年以上熟成。辛口が一般的。なかには数十年熟成のものも。

エトナ
Etna

どっしり厚みのあるワイン

シチリアの土着品種から造られる赤、白、ロゼワイン。力強い味わい。造り手はバローネ・ディ・ヴィッラグランデ社など。

白ぶどう
カタラット
Catarratto
主にシチリア島で栽培される甘い香りのジューシーなぶどう。上品な白ワインになる。マルサラ酒の原料にも使われる。

サルデーニャ州
Sardegna

ヴェルメンティーノ・ディ・ガッルーラ
Vermentino di Gallura

すっきりした豊かな香り

サルデーニャ北部で造られる辛口白ワイン。さわやかでランチに飲みたい軽やかさ。セッラ&モスカ社などが造っている。

ワインの友だち産地が同じなら相性バツグン

ワインは同じ産地の食べ物と相性がいい。イタリアワインを飲むなら、あわせる料理は、やはりイタリア料理。ワインの友となるチーズもイタリア産のものがいい。

イタリアでは、熟成されていないフレッシュタイプ、カビをつけて熟成させる白カビ、青カビタイプ、チーズの表面を酒類などで洗って造るウォッシュタイプ、山羊の乳で造るシェーブルタイプ、水分を抜いて熟成させたセミハード、ハードタイプなどのチーズがひととおりつくられている。モッツァレラ、パルミジャーノ・レッジャーノ、リコッタ、マスカルポーネなど有名なチーズがたくさんあるのだ。

一般的に、早飲みタイプの軽いワインにはフレッシュチーズが、熟成タイプのワインには、熟成させたチーズがあう。また、同じ地方で造られたワインとチーズの相性もいい。

おいしいイタリア料理とチーズとともに、イタリア人気質の「アモーレ、カンターレ、マンジャーレ」(愛し、歌い、食べる)の心意気で、気取らず陽気にワインを飲み干してしまおう。

牛肉を赤ワインで煮込む

イタリアの郷土料理にブラッサート(ブラザード)というものがある。平たくいうと、牛肉の赤ワイン煮込みだ。

大きめに切った牛肉を深鍋に入れ、玉ねぎのみじん切りと炒め、塩コショウ。ハーブをのせ、赤ワインをたっぷり注いで4、5時間弱火で煮込む。肉がやわらかくなったら取り出し、残った煮汁を煮詰めてソースにする。玉ねぎとワインの甘さで、濃厚な味に仕上がる。

バローロ(P20参照)などネッビオーロ種のワインを使うのが伝統的だという。残りのワインと味わえば、夢心地になれるだろう。

上質のワインには上質のチーズをあわせる

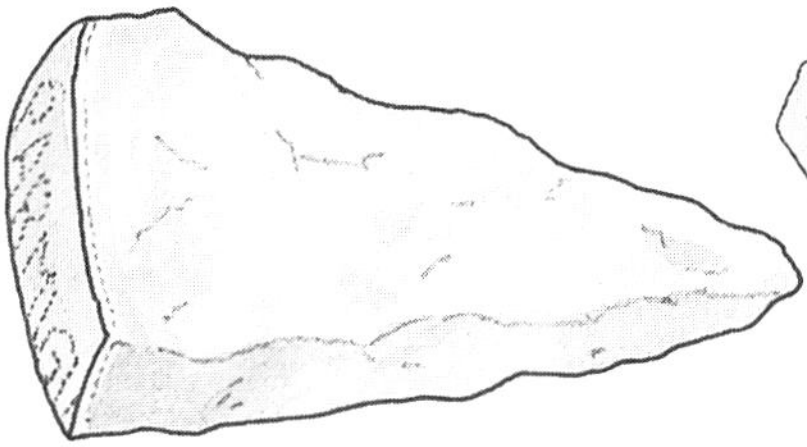

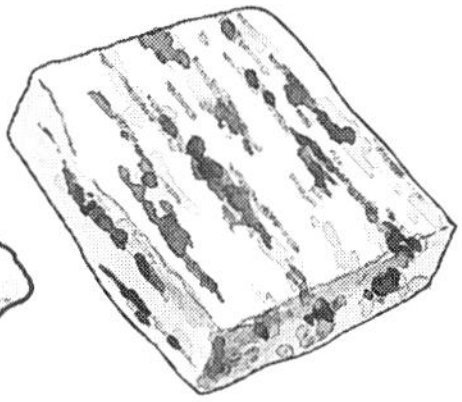

ゴルゴンゾーラ

世界三大ブルーチーズのひとつ。やさしい刺激の青カビチーズだ。青カビ初心者でも食べやすい。
甘口の白ワインや、ガッティナーラ（P20参照）など適度なコクのあるワインと好相性。

パルミジャーノ・レッジャーノ

熟成させてうまみを凝縮させたハードタイプ。イタリアのチーズの王様だ。砕いたものをつまんだり、粉にして料理に使ったりする。バローロなどコクのある赤ワインとあう。

モッツァレラ

白く、もちもちしたフレッシュチーズ。そのままサラダにしてもピザなどに入れてもいい。イタリア南部発祥で水牛の乳から造っていたが、今は牛乳製が多い。軽口の赤やヴェズーヴィオ（P39参照）などの白、発泡性ワインとあう。

チーズやオリーブオイルを口にしたらワインでリフレッシュ
また食欲が増すよ

ワインとソースの相性チェック

トマトソース×軽い赤、白
トマトソースには辛口の白ワインやフレッシュで酸味の軽い赤ワインがおすすめ。

ミートソース×中重の赤
濃厚なミートソースには中部イタリアの厚みのある赤ワインがいい。ワインが箸休めになって、ますます食が進む。

ギリシア

ヨーロッパ最古の産地 人気も評価も高まっている

ギリシア神話によれば、全能の神ゼウスの子デュオニソス（バッカス）がぶどうの木を発見し、ワインの造り方を普及させたという。そのためにデュオニソスは、ワイン＝酒の神といわれている。

神話はともかくとして、ヨーロッパでのワイン製造発祥の地がギリシアであることは確かなようだ。

ヨーロッパ最古のワイン生産地で有名なのは、レッチーナという白ワインだ。このワイン、なんと松脂《まつやに》が入っている。その昔、ワイン運搬用の容器の口を松脂で封じていたが、それがワインに溶け込んだのがはじまりだという。ギリシアのワイン生産量の3割以上は、レッチーナであり、ギリシア人が愛しているワインだ。

一方、近年は、ギリシア固有のぶどう品種を使った、フルーティで飲みやすい赤、白ワインも人気が出ている。また、カベルネ・ソーヴィニヨン種など世界中で栽培される品種から造る高級ワインもある。

個性豊かなギリシアワインを飲んで、ギリシア神話の世界、あるいはワインの歴史に思いをはせてみるのも楽しい。

独特の風味のあるレッチーナのほかに、ギリシアの土着品種のぶどうを使ったくせのない赤、白ワイン、カベルネ・ソーヴィニヨン種などを使った高級ワインなど多彩なワインがある。

ワインの故郷は多様な味わいを生み出す

○ レッチーナ・オブ・アッティカ（クルタキス社）

松脂の風味がついている白ワイン。冷やしてクールな味わいを楽しみたい。

白ぶどう

サヴァティアーノ
savatiano

古代からある白ぶどうで、ギリシアのぶどう総生産量の15％を占める。レッチーナの原料となる主要品種。

○ サモス・ヴァン・ドゥー（サモス生産者組合連合）

マスカット種から造られる甘口デザートワイン。甘口ワインの生産が盛んなサモス島産。

○ アメジストス（ラザリディ社）

外来種と土着品種のブレンドワイン。赤・白・ロゼがある。酒名は宝石のアメジストのほか、「酔わない」という意味もある。

ギリシアワインの格付け

格付け	区分	説明
O.P.A.P. オパプ	最上級ワイン	特定の地域で造られるワイン。味わいは辛口で、しっかりしている。瓶の口に赤い帯が巻かれている。
O.P.E. オペ	上級ワイン	限られたぶどうから造られるワイン。甘口タイプでデザートとして楽しめるものが多い。瓶の口に青い帯が巻かれている。
Topikos Oinos トピコス・イノス	地酒	多くは、ギリシアのぶどう品種で造られ、それぞれの地域の特徴をもったワイン。
Epitrapezios Oinos エピトラペジオス・イノス	テーブルワイン	規制にとらわれず、自由に造られるワイン。熟成したテーブルワインや松脂ワイン（レッチーナ）もある。

**品種ごとのワインが
豊富にそろい、それぞれのぶどうの
味わいが楽しめる**

食生活の変化にあわせてワインの消費量も質も向上したのだと思うわ

いまはハンバーガーばかりじゃないからな

**ワイン生産国としては新しいが、
インパクトのあるワインで、
いまやヨーロッパに肩を並べる**

第2章

—世界一を目指す濃い味わい—

カリフォルニアワイン

カナダワイン　メキシコワイン

凝縮した味わい フランスに肩を並べる質の高さ

アメリカはじめ、カナダ、メキシコの北米大陸全体で、ワインが盛んに造られている。なかでも世界に名が知られているのが、アメリカのカリフォルニアワインだ。カリフォルニアの気候は、ぶどう栽培に適している。それに加え、栽培や醸造法の科学的分析、研究が行なわれてきた。その結果、良質なワインを安定して供給できるようになり、ヨーロッパ諸国に肩を並べるワイン生産地になったのである。

カリフォルニアでワインが造られ始めたのは、一八世紀の後半。ローマカトリック教会のミサに、ワインが必要だったことがきっかけである。宗教儀式の必要性だけで、飲むことが目的ではなかったので、当初はそれほど味はよくなかったようだ。しかし一九世紀中頃に、ヨーロッパのぶどう品種の苗木をもってきたことで、アメリカワインの品質は飛躍的に向上した。

カリフォルニアというと以前は、手軽に飲めるテーブルワインのイメージが強かったが、いまやワイン新世界のリーダーとして、質の面でもヨーロッパに対峙する大国になっている。

王者フランスワインを打ち負かした

アメリカワインの実力を世界に示したのが、1976年アメリカ建国200年を記念してパリで開かれた、大規模なワインのテイスティング大会。このとき、ワイン名を隠した審査で、もっとも美味なワインに選ばれたのが、赤も白も、カリフォルニアワインだった。

勝利を確信していたフランスのショックは大きく、10年後に同じような赤ワインのテイスティングを行なった。ところがここでもカリフォルニアが勝利。さすがのフランスも、カリフォルニアワインを認めざるを得なくなったのである。

カリフォルニアワインを楽しむポイント

風味も味わいも凝縮したインパクトの強いワインが多いな

ぶどうの品種がラベルに表示される

カリフォルニアワインの特徴はぶどうの味が凝縮した濃密でパワフルな味わいだ。

濃い味と風味は、ぶどうと造り手の個性による。カベルネ・ソーヴィニヨン種などヨーロッパの高級ぶどう品種が使われているほか、アメリカ系の品種との掛け合わせの品種もある。

ぶどうの品種名がラベルに表示され、選びやすいのがポイントだ。


品種の違いを飲み比べて好きなぶどうをさがそう

ナンバーワンを目指しているのよ

造り手もポイント
昔ながらの生産者、異業種からの参入者、他国の生産者など個性豊かな造り手が多いのも、主張の強いワインを生みだす一因といえる。

産地ごとにぴったりの品種や栽培法、醸造法を採用している

アメリカのワインというより、カリフォルニアワインといったほうが通りがいい。それもそのはず、アメリカではほとんどの州でワイン造りが行なわれているが、全生産量の約九割を、カリフォルニア州が占めているのだ。

太平洋に面したカリフォルニアは、海流によって発生する霧が、夏は涼しさ、冬は暖かさをもたらし、ぶどう栽培にひじょうに適した気候である。とはいえ州は広く、土地によって環境がかなり異なるため、その特徴に適した品種栽培の工夫も必要になる。

気候・風土にあった品種選びには、カリフォルニア大学デイヴィス校のぶどう栽培・醸造研究の成果がおおいに生かされている。同校では、栽培法、品種、醸造法など、ワイン製造に関する総合的な研究を行なっており、世界に誇る現在のカリフォルニアワインがあるのも、この研究の賜物《たまもの》といわれている。

フランスの好敵手になる上級ワイン生産地となってきたカリフォルニアの、輝かしい太陽を浴びたワインをぜひ賞味してみよう。

自由の国も出身地には関心が高い

どこの地区で栽培されたぶどうで造られたワインなのかは、アメリカといえど気になるようだ。そのため1983年から、ＡＶＡ（アメリカ政府承認ぶどう栽培地域）の認定制度がスタートした。良質なワインの生産地をＡＶＡとして指定し、良質であることを保証するのだ。気候や土壌などが特徴的であることなどが、指定の条件になっている。

フランスの格付けであるＡＯＣ、イタリアの格付けであるＤＯＣと同じようなものだが、こちらはたんに良質ワイン地域を認めるというだけで、上下をつけるというようなものではない。

上質なワインはノース・コーストに多い

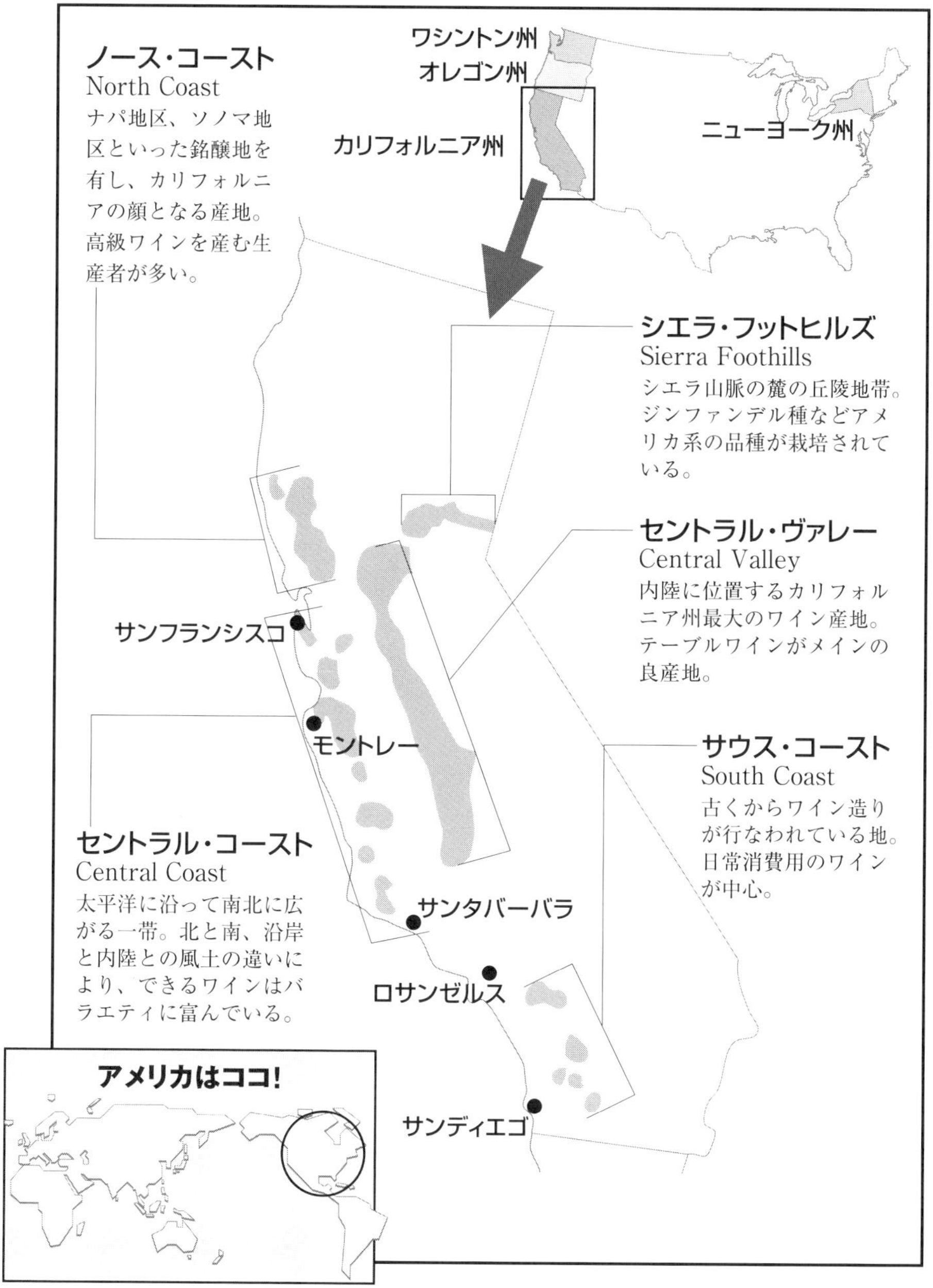

ワシントン州
オレゴン州
カリフォルニア州
ニューヨーク州
ノース・コースト
North Coast
ナパ地区、ソノマ地区といった銘醸地を有し、カリフォルニアの顔となる産地。高級ワインを産む生産者が多い。
シエラ・フットヒルズ
Sierra Foothills
シエラ山脈の麓の丘陵地帯。ジンファンデル種などアメリカ系の品種が栽培されている。
セントラル・ヴァレー
Central Valley
内陸に位置するカリフォルニア州最大のワイン産地。テーブルワインがメインの良産地。
サンフランシスコ
モントレー
サウス・コースト
South Coast
古くからワイン造りが行なわれている地。日常消費用のワインが中心。
セントラル・コースト
Central Coast
太平洋に沿って南北に広がる一帯。北と南、沿岸と内陸との風土の違いにより、できるワインはバラエティに富んでいる。
サンタバーバラ
ロサンゼルス
サンディエゴ
アメリカはココ!

ぶどうの品種とブレンドの割合がワインのタイプを決める

ヨーロッパ諸国のように、アメリカにもワイン法がある。しかしフランスやイタリアなどのように、作付け面積や品種などを細かく規定して管理するものではなくて、ぶどう品種と収穫年度の記載規定など、必要最小限の規制しか行なっていない。さすが自由の国アメリカ、造り手の自由な発想でワインを造れる環境になっているのだ。

ワイン法は一九七六年にスタートし、一九八三年に改訂された。独自の管理機関があるわけではなく、連邦政府アルコール・タバコ・銃火器取締局が管轄している。基本的には、ラベルの表示法についての規定が中心だ。

カリフォルニアでは独自に、ワインを分類している。左ページにまとめたように、大きく分けると、ヴァラエタル・ワイン、プロプライアタリー・ワイン、ジェネリック・ワインの三つである。しかしこれもタイプを分けているだけで、格付けをしているわけではない。

格付けがないので、自由な感覚で自分にフィットしたワインを探せるといえるだろう。ちなみに上級ワインはヴァラエタル・ワインに多い。

アメリカのワインは格付けの上下というより
タイプが違うという考え方をするといいわ

ワイン名に分類があらわれる

ヴァラエタル・ワイン
Varietal Wine

品種ごとのぶどうの特徴を押し出したワイン。単一品種のぶどうを75%以上使っている。品種名がワイン名になることも多い。品種名はラベルに表示される。上質なワインがたくさんある。

代表的な6種のぶどう

黒ぶどう

赤ワインらしい最高級ワインになる
カベルネ・ソーヴィニヨン（P56参照）

豊かな果実味、魅惑的な香りを放つ
ピノ・ノワール（P62参照）

フルーティな凝縮味と香りが魅力
ジンファンデル（P64参照）

白ぶどう

産地、製法にあわせて多彩な魅力を示す
シャルドネ（P136参照）

フルーティで極甘口にも辛口もなる
リースリング（P150参照）

植物系のさわやかな香りをもつ
ソーヴィニヨン・ブラン（P138参照）

プロプライアタリー・ワイン
Proprietary wine

数種類のぶどう品種をブレンドしたワイン。生産者が独自の名前をつけて、売り出している。

造り手や銘柄名で選ぶといい。

ジェネリック・ワイン
Generic Wine

数種のぶどうをブレンドした安価なワイン。

ワインの色（赤、白、ロゼ、ブラッシュ＝薄いピンク）や生産者がつけた名前などをワイン名にしている。気軽に飲めるテーブルワインと考えよう。

大瓶や紙容器に入ったジェネリック・ワインはジャグワインJug wineともいう。

メリタージュ・ワイン
Meritage wine

数種類のぶどう品種をブレンドしたプロプライアタリー・ワインのなかでも、フランスのボルドー地方の代表的なぶどう品種を中心にブレンドしているワイン。ブレンド率にとくに規定はない。

高級ワインが多い。

ボルドータイプの赤ワイン
カベルネ・ソーヴィニヨン種をベースにメルロ種などをブレンドするボルドー地方の赤ワインは、高級赤ワインらしい赤のひとつの雛形となっている。

アメリカならではの合理主義があらわれている

いくら規定の少ない自由の国といっても、ワインの身上書であるラベルに、勝手なことを記載することは許されない。アメリカでは格付けがないかわりに、ワイン法によって、ラベルの表示の仕方が細かくきめられている。産地名や収穫年などは、一定の数値を満たしていないと、表示できないようになっているのだ。

たとえば使われているぶどう品種を表示する場合、表示されたぶどうが七五パーセント以上使われていなくてはいけない。産地名として州の名前を入れる場合は、ワイン法では七五パーセント以上がその州で生産されたぶどうでなくてはならないし、カリフォルニアでは一〇〇パーセントと、規定がさらに厳しくなっている。郡や畑など、産地の区分けが細かくなる場合も、それぞれきめられた数値を満たしている必要がある。

収穫年を表示するには、その年に収穫したぶどうが、九五パーセント以上使われていなくてはならない。

ラベルに記載があるかどうかで、そのワインの身上がある程度わかるしくみになっているのだ。

簡単ワイン用語講座　～英語～

単　語	読　み	日本語訳
● dry	ドライ	辛口
● sweet	スウィート	甘口
● vine	ヴィン	ぶどう樹
● vineyard	ヴィンヤード	ぶどう畑
● vintage	ヴィンテージ	収穫年
● seller	セラー	熟成庫
● estate	エステート	ぶどう園
● estate Bottled by～	エステート・ボトルド・バイ～	ぶどう園元詰め

整然と並ぶ情報からワインの構成をさぐる

ワイン名
このラベルは、生産者名マーカムとぶどうの品種名メルロを合わせたものになっている。

収穫年
ぶどうが収穫された年。アメリカでは、95%以上が同じ年に収穫されていれば表示できる。表示義務はない。

生産者名
いちばん目立つのが造り手の名前というのは、いかにもアメリカらしい。「マーカム・ヴィンヤーズ」で、マーカム社のぶどう畑という意味。

産地名
ぶどうが栽培された地名。州名の場合は、カリフォルニア州とオレゴン州ではぶどうが100%同じ州内で収穫された場合、その他の州は75%以上その州内で収穫された場合に表示できる。郡名、畑名なども、それぞれ各産地の規定を満たせば表示可能。これは、ナパ地区が産地。

ぶどう品種名
75%以上が同じぶどう品種なら表示できる。

ほかに、容量、アルコール度数、生産者の所在地なども表示されることが多い。

世界でも指折りのワイナリーの銘酒がそろう

サンフランシスコ北の太平洋岸に位置するノース・コーストは、カリフォルニアのなかでも重要なワイン産地だ。太平洋からの冷たい霧を受ける海岸に近い地域と、暖かく乾燥した内陸に分かれており、それぞれの気候風土から造られるワインはバラエティに富んでいる。なによりも、たいへんすぐれたワインがそろっているのが、この地域である。

とくに有名な産地が、サンフランシスコ湾の北にあるナパ地区とソノマ地区だ。ナパ地区は、南北五〇キロにもおよぶ巨大な谷間に、ぶどう畑が広がっており、ワイナリーは約一八〇を数える。ナパ地区の北にあるソノマ地区は、複雑な地形のなかに、ぶどう畑、果樹園、牧場などが入りまじった地である。

どちらの産地でも、カベルネ・ソーヴィニヨン種などのヨーロッパ系のぶどうが栽培され、世界トップクラスの赤ワインが造られている。ただ栽培品種はソノマ地区のほうがバラエティに富んでおり、造られるワインも多様だ。もちろん赤ワインだけでなく、白ワインやスパークリングワインなども造られており、どれも良質なものがそろっている。

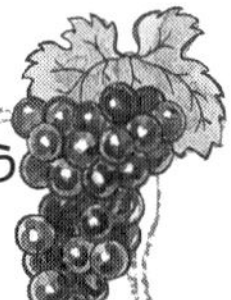

カベルネ・ソーヴィニヨン（Cabernet Sauvignon）

栽培地域はココ!

フランスのボルドー地方の代表品種。
イタリア、スペイン、カリフォルニア、チリ、オーストラリア、南アフリカ共和国をはじめ世界各地で栽培されている。

どんな品種?

濃青色で小粒、ジューシーなぶどう。渋みや苦味のもとになるタンニンが多い。

どんなワインになる?

深みのある色で、酸とタンニンが豊富な赤ワインになる。長期熟成に適し、高品質なワインになることが多い。熟成の若いうちは飲みづらいことも。

世界的に有名なカリフォルニアワイン

○シャトー・モンテリーナ・シャルドネ
（シャトー・モンテリーナ）

1976年のパリ試飲会でトップに評価された白ワイン。シャルドネ種で造られる上品な辛口。ちなみに同試飲会で赤ワインのトップに評価されたのは「スタッグスリープ」だ。

○ロバート・モンダヴィ・ナパ・ヴァレー・カベルネ・ソーヴィニヨン・リザーヴ
（ロバート・モンダヴィ社）

多種類のワインを造るモンダヴィ社の高級シリーズの１本。厳選されたぶどうから造られる力強い味わいの赤ワイン。モンダヴィ社についてはＰ63参照。

○リッジ・モンテベロ・カベルネ・ソーヴィニヨン
（リッジ・ヴィンヤーズ）

長期熟成タイプの赤ワイン。しっかりしたタンニンをもつ。単一畑のぶどうから造るリッジ社の最高級品。

○ドミナス
（ドミナス・エステート）

フランスの高級ワイン「ペトリュス」の生産者が造る。上品な最高級赤ワイン。ドミナス社でナンバー２に位置する「ナパ・ヌック」というワインもある。

ノース・コーストの代表産地

ナパ地区 Napa Valley	カリフォルニアでもっとも有名な銘醸地。国道の両側にワイナリーが並ぶ。観光地化されてきている。
ソノマ地区 Sonoma Valley	ナパ地区に肩を並べる銘醸地。ナパ地区よりも昔からある産地だ。伝統あるワイナリー、大手メーカーなどいろいろある。

ほかにも、メンドシーノ（Mendocino）、レイク（Lake）、トリニティ（Trinity）などの産地がある。

希少価値の高いカルトワイン

カルトワインとは?

少量しか生産されないワインで、ワイン批評誌などでの評価が高く高額な上、入手困難なワインを指す言葉。

○ **ハーラン・レッド**
（ハーラン・エステート）

カベルネ・ソーヴィニヨン種で造られる代表的なカルトワイン。力強い赤。

これはスクリーミングイーグル*!
実物を見るのははじめてですよ

*スクリーミングイーグルは、生産量の少ない貴重なカルトワイン。ぼくがいまいちばん飲んでみたいワインだ。

○ **ヴォルカニック・ヒル・カベルネ・ソーヴィニヨン**
（ダイヤモンド・クリーク・ヴィンヤーズ）

カベルネ・ソーヴィニヨン種で造られたバランスのいい長期熟成タイプの赤ワイン。畑の一区画のぶどうだけで造られ、土地の味を反映している。

○ **アラーホ・カベルネ・ソーヴィニヨン**
（アラーホ・エステート・ワインズ）

深い色合いとコク、しっかりしたタンニンがある長期熟成タイプの赤ワイン。やわらかい口あたりが特徴。

○ **ダラ・ヴァレ・マヤ**
（ダラ・ヴァレ）

ボルドータイプのなめらかな舌ざわり。カベルネ・ソーヴィニヨン種とカベルネ・フラン種をブレンド。「マヤ」とはオーナーの娘の名前。

スパークリング（発泡性）ワインも人気

○ジェイ・シュラム
（シュラムスバーグ・ヴィンヤーズ）

瓶内発酵による繊細な泡立ちがある。白ぶどう100%で造った発泡性ワインと、黒ぶどう100%で造った発泡性ワインを混醸したもの。

○エクリプス
（ドメーヌ・シャンドン・カリフォルニア）

きりっと辛口の発泡性ワイン。シャンパンの主要メーカーであるモエ・エ・シャンドン社がカリフォルニアに設立した会社が造っている。

○ロデレール・エステート・アンダーソンヴァレー
（ロデレール・エステート）

威勢のいい泡立ちや心地いい酸味がある。シャンパンと同じ原料、製法。手ごろで気軽に楽しめる。造り手はシャンパン「クリスタル」で著名なルイ・ロデレール社が設立したワイナリー。

シャンパンとは微妙に違う

カリフォルニアのスパークリングワイン		フランスのシャンパン
ブレンドや熟成に関する規制がなく、生産者の自由に造れる。	規制	ぶどうの産地、ブレンド品種、熟成期間など厳しい規制がある。
ピノ・ノワール種が多く使われる。	ぶどう	ピノ・ムーユ種、ピノ・ノリール種、シャルドネ種が使われる。
カリフォルニアのワイン法で補糖は禁止されているため、ぶどうの甘さだけで造られる。	甘み	ぶどうの糖度が足りない場合、発酵時に加糖される。

前菜からデザートまでフルコースが味わえるよ

ワイン列車に揺られていい気持ちに

カリフォルニアのワイン名産地ナパには、ぶどう畑のなかを「ワイン列車」が走っている。時速30km程度でのんびりと走る列車のなかで、客はおいしい食事とワインを楽しめる。

ぼくも、この列車に乗ったことがある。空気を攪拌《かくはん》して畑に霜が降りるのを防ぐ、風車のような扇風機が立つぶどう園を眺めながら、評判の高い「シルバラード」などのワインを堪能した。約3時間の旅（？）が終わると、すっかりほろ酔い気分。ナパを訪れたら体験してみてほしい。

「カリフォルニアワインの父」モンダヴィを筆頭に生産者は個性豊か

ナパ地区には名の知れたワイナリーがひしめいている。なかでも有名なのがロバート・モンダヴィ・ワイナリー。創設者ロバート・モンダヴィ氏は、カリフォルニアを世界に誇る産地として名声を高めた功労者。

彼はワイナリーの家で生まれたが、平凡なワイン造りにあきたらず、世界でトップクラスのワインを造ることを目標に、新たに自分のワイナリーを創設した。そして努力の積みかさねによって造りあげたカリフォルニアワインが高い評価を得た。その後、フランス・ボルドーの生産者シャトー・ムートン・ロートシルトと共同で、「オーパス・ワン」というワインを造るなど、多様な銘柄を次々に世に送り出している。

ナパの名声が高まるにつれて、ノース・コーストには高級ワイン志向のワイナリーが次々に誕生した。外国資本のワイナリーも多い。おもしろいのは、映画監督フランシス・コッポラ氏のように異業種から参入してきたワイナリーも目立ち、成功していることだ。コッポラ氏所有のニーバム・コッポラ・ワイナリーには、映画「タッカー」で使われた車が飾ってあった。観光客も多く、なかなか商売上手だ。

オーガニックワインが増えてきた

野菜や魚介類などの食材が豊富なカリフォルニアでは、食材をシンプルに味わう、自然尊重の流れになっている。

ワインにも、同じような傾向がある。アメリカのワインは、先端技術の導入で発展してきたのだが、あまりにいきすぎた科学介入への反省から、いまや逆に、自然回帰志向が強くなってきている。

農薬や化学肥料を使わない有機栽培のぶどうでのワイン造りに励んでいるフェッツァー社をはじめ、本来の果物の味を生かしたワインを目指そうとする造り手が増えているのだ。

幅広いワインを造る大手生産者

E&Jガロ社

1933年創業のアメリカ大手ワインメーカー。ソノマ地区に広大な畑を所有し、多様な品種でワイン造りをしている。
手ごろな価格のものから、特定の畑のぶどうから造る高級ワインまでそろう。

ガロがいいな
私 大好きです

これで
よろしいですか
E&Jガロ・ノーザン・
ソノマ・エステート・
カベルネ・
ソーヴィニヨン＊

＊選び抜いたぶどうで造るE＆Jガロ社の最高級品。

ロバート・モンダヴィ社

1966年創業の大手ワインメーカー。ナパ地区を中心にアメリカ各地で造っている。手ごろなものから高級ワインまで多様な品ぞろえ。

マーカム・ヴィンヤーズ社

1987年からメルシャンが所有するワイナリー。ナパ地区に100haの自社畑をもつ。ナパのぶどうにこだわり、品種の特性を引き出すワイン造り。

リッジ・ヴィンヤーズ

サンタ・クララ地区とソノマ地区にワイナリーをもつ。1969年から著名な醸造家のポール・ドレーパー氏が加わり高い評価を得ている。単一畑の高級ワインから手ごろなワインまで。

他業界の成功者がワイン業界に参入

元カーレーサーが造る

ファー・ニエンテ

ファー・ニエンテとは「もう何もいらない」の意味。飲むとそんな気分になるほど、豊かな味のワインを造る。

元弁護士が造る

チョーク・ヒル

1980年設立の比較的新しいワイナリー。果実味豊かなきりっとした飲み口のワインを造る。

気候の異なる三地区 将来の成長が楽しみ

セントラル・コーストは、北はサンフランシスコ、南はサンタバーバラまでの沿岸地域で、気候の違いから三地区に分けることができる。

いちばん北のベイ・エリアは、太平洋からの冷気が吹き込み、気候は涼しく、霧がよく発生する土地柄。さまざまなタイプのワインが造られている。その南のノース・セントラル・コーストは、降水量がひじょうに少ないが、カリフォルニア大学の研究により、地下水脈を灌漑《かんがい》に利用することで、ぶどう栽培が盛んになった。一九六〇年代に植えられたヨーロッパ品種のシャルドネ種、ホワイト・リースリング種などがよく育ち、近年では高級ワインの生産地になっている。

いちばん南のサウス・セントラル・コーストは、アメリカでも古くにぶどう栽培が始まった地。太平洋から流れてくる冷気とあふれる太陽の光は、ぶどうの栽培には最適である。新しい品種の栽培を手がけるなど、こちらも良質なワインを造っている。

ワイン生産地としては比較的新しいが、どの区域も栽培や醸造方法の改良が進み、これからがおおいに楽しみな地域だ。

黒ぶどう

ピノ・ノワール（Pinot Noir）

栽培地域は？

フランスのブルゴーニュ地方の主要品種。フランスのシャンパーニュ地方や、カリフォルニアやオーストラリアなどでも栽培。ドイツでは、シュペートブルグンダー種という。

どんな品種？

土壌によって大きく異なるが、フルーティなぶどう。

どんなワインになる？

果実味や酸味が豊富。土壌がよく、出来がよければ、なめらかなタンニン、複雑な香りの高級赤ワインになる。

大手ワイナリーは豊富なシリーズを誇る

ロバート・モンダヴィ社

カリフォルニアワインの父とよばれる生産者。ヨーロッパに負けない上質のワインを造ろうと励み、カリフォルニアワインを世界トップクラスの品質へ引き上げた。下にあげたシリーズのほかに、特定の地区のぶどうで造る「ロバート・モンダヴィ・S・L・D」や「ロバート・モンダヴィ・カーネロス」といったシリーズもある。

ウッドブリッジ

手ごろな価格の日常消費用ワイン。さわやかで飲みやすい各品種のワインがそろう。毎日の食事とともに楽しめる。

ロバート・モンダヴィ・プライベート・セレクション

セントラル・ヴァレーで栽培されたぶどうで造る中級クラスのシリーズ。ピノ・ノワール種やシャルドネ種などを使った、なめらかなのどごしのワイン。

ラ・ファミリア

モンダヴィ家はイタリアからの移民。故郷イタリアのぶどう品種で造られたシリーズ。品種ごとの特徴が引き出されている。

ロバート・モンダヴィ・ナパ・ヴァレー

アメリカ産の上質なワインを目指したモンダヴィの根幹をなすシリーズ。ナパ・ヴァレーで栽培されたぶどうから、品種ごとのワインが造られている。リザーヴの表示があるものは、さらに上級品。

共同でワインを
造った二人の横顔
を組み合わせた
モチーフがラベル
に描かれている

○ オーパス・ワン
(ロバート・モンダヴィ&バロン・フィリップ・ド・ロートシルト)

モンダヴィ社がフランスの名門シャトー・ムートン・ロートシルトのバロン・フィリップ氏と共同で造ったワイン。作品第一番という意味の名前がついている。

気軽に飲みたい日常用ワインの良産地

セントラル・コーストの内陸側にあるセントラル・ヴァレーは、広大な平野に、ぶどうはもちろんチェリー、オレンジ、グレープフルーツなど、さまざまな果実が栽培され、〝フルーツバスケット〟ともよばれている。ここはカリフォルニア最大のワイン生産地である。

主に日常用のワインを造っているが、近年、高級ワインの生産も増えている。ちなみに、ぶどうの栽培・醸造法の研究を行なっているカリフォルニア大学デイヴィス校があるのが、この地域だ。

セントラル・ヴァレーの北にあるシエラ地方は、シエラ山の麓《ふもと》に広がるワイン生産地。かつてゴールドラッシュの舞台としてにぎわった地域で、そのときからワイン造りが始まった。ジンファンデル種というぶどう品種の栽培地としても有名で、濃厚な味わいのワインが造られている。

ロサンゼルスからサンディエゴまでのサウス・コースト（南カリフォルニア）は、気温が高く砂漠のような乾燥地帯のため、ぶどう栽培に適しているといえないが、古くからワイン造りが行なわれてきた。生産の中心は、日常用ワインである。

黒ぶどう

ジンファンデル（Zinfandel）

栽培地域は？

カリフォルニアで栽培されている黒ぶどう。

イタリアで栽培されているプリミティーヴォ種と同じ品種とされる。

どんなぶどう？

どちらかというと熟すのが遅い。同じ房でも熟すのが早いものと遅いものが混在している。

どんなワインになる？

ドライフルーツのような香りで、深い色の濃い赤ワインになる。果皮を除いて造ると、淡いロゼワインになり、ホワイト・ジンファンデルといわれる。

良質で手ごろなワインは、毎日の食事にぴったり

良質のテーブルワインは日常的に飲むのにちょうどいい。煮込み料理などに赤ワインを少量使い、できた料理と残りのワインを楽しむなど、気軽に味わうといい。

ピンクに輝くブラッシュ・ワイン

ロマンチックな色とさわやかな味で人気が高いのが、ブラッシュ・ワイン。ブラッシュとは頬紅のことで、透明感がある桜色、薄いルビー色のものなどがある。果実味とほのかな甘みが特徴のロゼワインだ。
アメリカ原産のジンファンデル種（黒ぶどう）から、白ワインと同じ製法で造るが、圧搾した果汁に薄く果皮の色がつくため、輝かしいピンク色になる。そのため、ホワイト・ジンファンデルともいわれる。

ベリンジャー・ホワイト・ジンファンデル
（ベリンジャー・ヴィンヤーズ）

ほんのりとしたピンク色で、フルーティな味わい。ボディもある。味のしっかりした料理にあう。発泡性タイプもある。

ニューヨーク生まれのワインは土着品種を活用している

カリフォルニアワインだけが、アメリカのワインではない。それ以外でも、世界に向けて自慢のワインを発信する州が増えている。

たとえばニューヨーク州である。二〇世紀までは主に、アメリカ原産のコンコード種などによるワイン造りが行なわれてきた。この品種で造るワインには個性的なにおいがあり、主に国内消費用になっていた。

最近では、ヨーロッパ原産の品種とアメリカ原産の品種の交配品種によるワイン造りも盛んになってきた。その結果、良質のワインが多く造られるようになり、世界から注目される生産地のひとつに成長してきている。

メルロ種やシャルドネ種といったヨーロッパ系のぶどう品種を使ったワイン造りも成果をあげている。

また、カリフォルニアより北の、ワシントン州とオレゴン州は、パシフィック・ノース・コーストとよばれ、こちらも注目の生産地になっている。この地域では、ヨーロッパ品種を中心に栽培しており、切れ味のよい良質のワインを数多く造っている。

アメリカ系ぶどうは食べるためのぶどう?

アメリカ系のぶどうといわれる品種に、コンコード種やナイアガラ種、デラウェア種といった品種グループがある。これらは、ヴィティス・ラブルスカといい、生食用のぶどうとしての価値が高い。

ワインに使われる場合は、国内消費用のカジュアルなタイプになることが多い。

酸味は少なく、甘みのあるぶどうだが、フォクシー・フレーバー（狐臭）といわれる独特の香りがあるため、個性的な風味のワインになる。

カリフォルニア州以外でも造られている

もちろん、ニューヨークといってもセントラル・パークで造られているわけではない。ワイン産地としてはニューヨーク市の北東などが中心だ。

オレゴン生まれ

○ ボー・フレール・ピノ・ノワール
（ボー・フレール）

高名なワイン評論家のロバート・パーカーの義理の息子のワイナリーが造る。果実味ある赤ワイン。

ワシントン生まれ

○ コル・ソラレ
（シャトー・サン・ミシェル）

ワシントン州でもっとも古いワイナリーと、イタリアのアンティノーリ社とが共同で造る赤ワイン。

ニューヨーク生まれ

○ ペレグリーニ・ヴィンヤーズ・アンコア
（ペレグリーニ・ヴィンヤーズ）

ニューヨーク州で造られている。厚みのある濃厚な味わいがある。

隣の国へ目を移せば氷結ぶどうのワインが味わえる

アメリカのお隣カナダでのワイン造りは、オンタリオ州が中心になっている。気候は厳しいが、エリー湖やオンタリオ湖から吹く風が霜の害を防いでくれるおかげでぶどうがよく育ち、国全体のワイン生産量の約八五パーセントをこの州が占めている。

カナダのワインは赤ワインより白ワインが多く、とくに有名なのが、凍ったぶどうから造るアイスワインだ。マイナス八度以下になる一二月〜一月の厳寒期に、果汁の水分が凍った状態で摘み取り、すばやく絞ってワインを造る。するとぶどうの糖分が濃縮されて、とても甘いワインができる。すっきりした飲み口で、ジュースのようにフルーティだ。

アイスワインは食後に飲むデザートワインとして、もともとドイツなどで盛んに造られているワインだが、気候がよく似たカナダも主要な産地になっている。

カリフォルニアと国境を接しているメキシコでも、一六世紀からワイン造りが行なわれている。主な産地は、中央部の海抜二〇〇〇メートルの高地にある。

男も甘口ワインを
飲みますよ
僕はきりっと冷やした
アイスワインが好きです

デザートワインは、男も女も幸せになる甘美な味わいだ。食後に一杯楽しめば、贅沢で幸せな食事の締めくくりになる。

凍結ぶどうのワインが人気のカナダ

アイスワインは、ぶどう果汁の水分が凍った状態で圧搾し、果糖分だけが凝縮されるため、甘く仕上がる。人気の高いワインだが、通常のワインの約８倍のぶどうが必要といわれ、高価で希少価値の高いものだ。下のように細長い形のボトルが多い。

代表的なアイスワイン

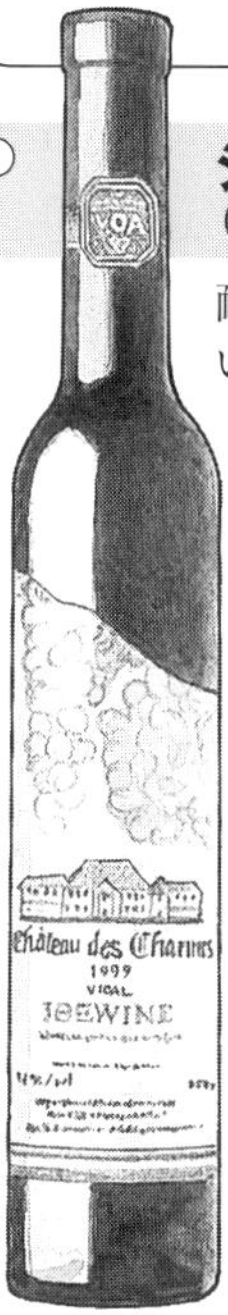

○ **シャトー・デ・シャルム・ヴィダル・アイスワイン**
（シャトー・デ・シャルム）

耐寒性が強く、カナダでの栽培が盛んなヴィダル種で造られているアイスワイン。すっきりした甘さで飲みやすい。

○ **シャトー・デ・シャルム・リースリング・アイスワイン**
（シャトー・デ・シャルム）

縦長Ａラインのボトルに入った、リースリング種で造られているアイスワイン。上品な味わいで、極甘口。

○ **サマーヒル・アイスワイン・ピノ・ノワール**
（サマーヒル社）

ピノ・ノワール種で造られている。オレンジがかった琥珀色が特徴。芳醇な香りで甘さが引き立つアイスワイン。

テキーラだけじゃないメキシコの酒

メキシコの酒というと、竜舌蘭《りゅうぜつらん》の一種から造られるテキーラを思い浮かべるが、じつは上質なワインも造られている。

もっとも有名なワイン産地が、パラス・ヴァレー。パラスとはスペイン語でぶどうの樹を意味し、16世紀にこの地でアメリカ大陸初のワイン造りがスタート。その後、フランスから著名な醸造家をよんだり、設備の近代化を図り、美味でしかも手ごろな値段の優良ワインを造りだしている。

とくにアメリカ大陸最古のワイナリー、カーサ・マデロ社のワインはヨーロッパでも高い名声を得ている銘酒だ。

長期熟成タイプのワインは、
樽の中で深い眠りにつきながら
魅力を増していく

やわらかなぬくもりこそスペインの赤ワインの特徴

スペインの「シェリー」、ポルトガルの「ポート」、
「マデイラ」は世界三大酒精強化ワイン

第3章

—情熱的な熟成タイプに注目—

スペインワイン

ポルトガルワイン

熟成されたぬくもり やわらかい口あたりが自慢

スペインは、紀元前からワイン造りが行なわれていた歴史の長い国で、現在、ワイン生産量はトップクラスに入っている。

この国には情熱的な赤のイメージがあるが、ワインも赤が印象的だ。スペイン原産のテンプラニーリョ種で造る上質の赤ワインは、やわらかな舌ざわりが特徴。とくに長期熟成タイプのやさしい風味は、世界中の人に愛されている。熟成や飲み頃に対するこだわりがこれを支えている。

スペインの自慢は、それだけではない。いきいきとしたロゼワインや発泡性ワインのカバ、酒精強化ワインのシェリーは、この国自慢のひとつ。ロゼワインやシェリーはすでに長い間世界中で飲まれているが、カバも近年は広く世界に知られるようになってきている。

スペインの最近の傾向としては、これまで親しまれてきたスペインならではのワインに加え、技術革新によってフランスのボルドーワインに似たタイプの、〝スーパー・スパニッシュ・ワイン〟とよばれる上質なワインが登場してきたこと。こうした新たなスペインワインの誕生で、バリエーションがますます広がってきている。

宗教がかわるとワイン文化もかわる

スペインのワイン造りは、政治と宗教に翻弄《ほんろう》された歴史をもつ。

この国では、フェニキア人や古代ギリシア人によって紀元前からワイン造りが始まり、ローマ時代は盛んに生産されていた。

ところが8世紀頃に、一時ワイン造りが停滞している。禁酒を戒律とする新興のイスラム教徒であるムーア人に、侵攻されたからだ。食用などとして許された一部のぶどう畑以外は破壊された。

その後、キリスト教徒の国土回復運動がおこり、15世紀にスペイン王国が成立すると、再びワイン造りが盛り上がっていったのだ。

スペインワインを楽しむポイント

どうぞそこに座って一杯やろう
特別な赤のスペインワインを用意したんだ

特別な赤といえば、長期熟成タイプ。スペイン原産のテンプラニーリョ種というぶどうを使ったものが代表的。

さまざまな熟成具合のワインを味わう

熟成期間の短いものから長いものへと飲んでいこう

スペインワインは熟成に対するこだわりが強い。醸造所がワインを管理し、飲み頃になってはじめて出荷するタイプのワインが多いのだ。

販売店や自宅で、長期に保存しなくても、飲み頃のワインが手ごろな価格で手に入る。

熟成期間で分類され（P76参照）、呼称が表示されるため、どのくらい熟成されたワインかわかる。

タイプもいろいろ 赤、白、ロゼのスティルワインのほかに、発泡性ワイン、酒精強化ワインなど豊富なタイプのワインが楽しめる。

産地がかわるとワインのタイプもがらりとかわる

スペインでは全土でぶどうが栽培されており、その総面積は世界第一である。面積に比較して生産量が一番でないのは、降水量が少ないうえに灌漑《かんがい》が禁止されていること、ぶどうと他の作物が一緒に植えられていることが多いといったことが原因している。

国土の広いスペインは、場所によって気候風土がまちまちである。大西洋に面した北部は、冬暖かく夏が涼しい海洋性気候、地中海に面した南部は温暖な気候、内陸は冬寒く夏は暑い大陸性気候といった具合である。そのため栽培されるぶどうの品種もそれぞれ異なり、地域ごとの個性がはっきりしている。地域によって、よび名が異なる品種も多い。たとえばスペインの代表品種であるテンプラニーリョ種（八〇ページ参照）には、国内だけで七つもよび名があるのだ。

主な生産地域を左ページに示したが、このなかでもっとも広いのは内陸のカスティーリャ・ラ・マンチャ州で、全体の三分の一を占めている。

スペインは全体的にはフランスやイタリアより暖かく、気候も安定しているので、今後がさらに期待される国のひとつである。

スペイン北部の産地で造られるワインは、赤、白ともに上質のものが多い。中部では、日常消費用のワイン、南部では、酒精強化ワインが主に造られている。

高級赤ワインは北部に多い

カスティーリャ・イ・レオン州
リベラ・デル・デゥエロ地域を中心に、リオハに並ぶ高級赤ワインなどを造る。力強いタイプが多い。
リオハ地域
伝統的な高級赤ワインの産地。昔ながらのやさしく深みのあるタイプが多い。
ナバーラ
ソモンターノ
リアス・バイシャス
リベラ・デル・デゥエロ
トロ
ルエダ
マドリッド
バルセロナ
ペネデス
プリオラート
ガリシア州
リアス・バイシャス地域などでイキイキした白ワインを造っている。
カタルーニャ州
カバという発泡性ワインの主産地であるペネデス地域や、高級赤ワインを造るプリオラート地域などの産地がある。
ヘレス
マラガ
カスティーリャ・ラ・マンチャ州
内陸部ではテーブルワインを中心に造る。
アンダルシア州
スペイン南部は酒精強化ワインの産地。ヘレス地域のシェリーは世界三大酒精強化ワインのひとつ。
スペインはココ!

産地の格付けと熟成年数の分類でタイプがわかる

スペインワインで特徴的なのが、熟成年数による分類があることだ。ワインの品質管理は、スペイン農務省のＩＮＤＯ（国立原産地呼称庁）が行なっている。このＩＮＤＯによる熟成年数の分類は四段階に分かれている。

たとえば、もっとも上位に分類されるグラン・レセルバは、赤ワインの場合、ぶどうのできがよかった年のワインで、樽で二四ヵ月以上、その後瓶内で三六ヵ月以上熟成したものときめられている。ロゼワインと白ワインは、四八ヵ月以上樽と瓶内で熟成、そのうち六ヵ月以上は樽での熟成が必要である。つまりぶどうのあたり年に造られ、長期熟成させた最上級品ということになる。

ＩＮＤＯでは、フランスのＡＯＣやイタリアのＤＯＣなど、他のヨーロッパ諸国と同じような原産地による格付けも行なっている。上級の格付けにあたるのが、スペインではＤＯ。最上級の品質として認められる、特選原産地呼称ワイン（ＤＯＣ）に指定されているのは、リオハだけである（プリオラート地域は州政府レベルで認定されている）。

格付けは、産地や品質、熟成具合に与えられます

細かい分類が産地特有の品質を守る

生産地と品質による格付け

DOC
Denominación de Origen Calificada
特選原産地呼称ワイン

最上級ワイン

もっとも厳しい生産基準のある地域で造られるワイン。国レベルではリオハだけしか指定されていない。
ぶどうの栽培方法、ワインの醸造法、熟成方法などの厳しい規制や、官能テストをクリアした最高の品質のワイン。

DO
Denominación de Origen
原産地呼称ワイン

上級ワイン

統制委員会が設置された地域内で、指定されているぶどう品種を使うなど、厳しい基準を満たして造られたワイン。50以上の地区が認められている。

VdIT
Vino de la Tierra
生産地名付きテーブルワイン

地酒

特定の生産地で栽培されたぶどうを60%以上使っており、地域の特性をそなえているワイン。地酒に相当する。

VdM
Vino de Mesa
テーブルワイン

テーブルワイン

異なる産地のぶどうやワインをブレンドしたものや、規定外のぶどう品種を使うなど、格付けの規定を満たしていないワイン。

熟成年数による分類

グラン・レセルバ
Gran Reserva
赤はぶどうのあたり年にのみ造ることができ、樽で24ヵ月以上、瓶内で36ヵ月以上熟成。白、ロゼは樽と瓶で48ヵ月以上、内最低6ヵ月は樽で熟成。

レセルバ
Reserva
赤は樽と瓶で36ヵ月、内最低12ヵ月は樽で熟成。白とロゼは樽と瓶で24ヵ月、内最低6ヵ月は樽で熟成。

クリアンサ
Crianza
赤は樽と瓶で24ヵ月、内最低6ヵ月は樽で熟成。白、ロゼは樽と瓶で12ヵ月、内最低6ヵ月は樽で熟成。

シン・クリアンサ、ホーベン
Sin Crianza、Joven
クリアンサの熟成期間を満たしていないもの、または熟成を行なわないもの。

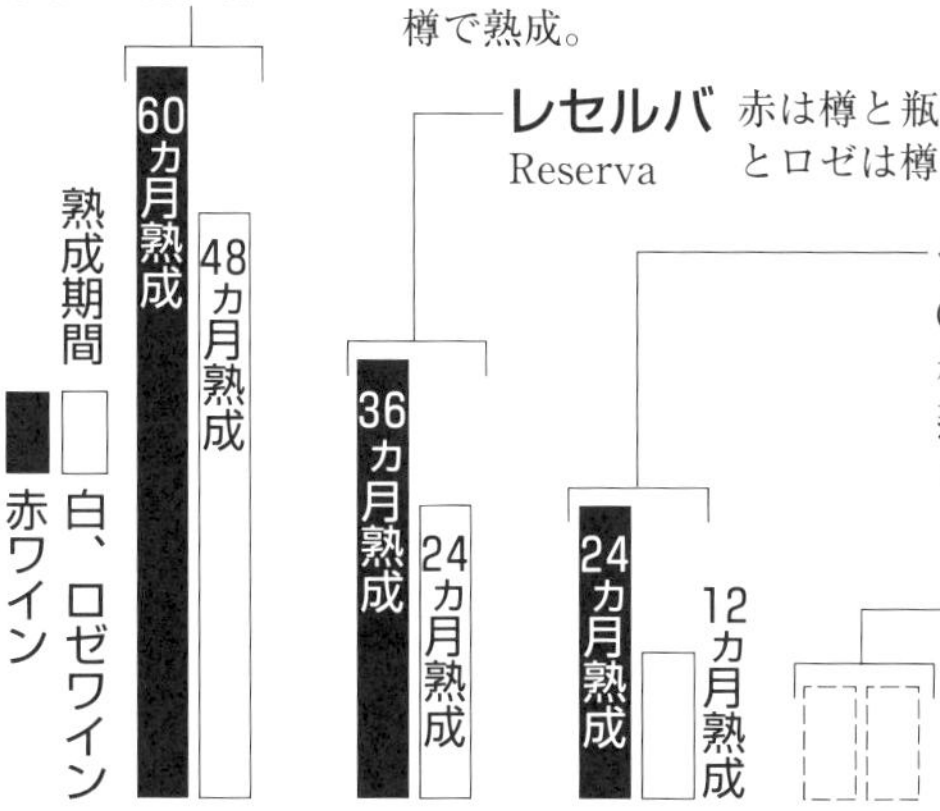

熟成度の分類をチェック
同じ銘柄でも違う熟成度のものがある

ワイン店でスペインワインを探すとき、ちょっと気にしておきたいのが、ラベルに表示される熟成度の分類だ。

七七ページで紹介したように、スペインワインには熟成度による分類がある。ラベルをみるとき、その表示があるかチェックしておこう。

たとえば同じリオハ地域のワインでも、グラン・レゼルバという長期熟成タイプもあれば、クリアンサという短期熟成のものもある。どの程度の熟成のものがいいか、あなたの好み、あるいは値段との兼ね合いも考えて、選ぶといい。

もちろん、原産地による格付けもチェックしておこう。ＤＯＣのリオハには、品質保証マークがついているので一目瞭然だ。

原産地による格付けで、ヴィーノ・デ・メサとされるものは、いわゆるテーブルワイン。通常テーブルワインは造ってすぐに出荷される早飲みタイプが多いが、スペインでは飲み頃にあわせて出荷されることが多いので、ある程度熟成したものも楽しめる。

ワインの熟成にこだわりのあるスペインならではだろう。

簡単ワイン用語講座　～スペイン語～

単　語	読　み	日本語訳
● Tinto	ティント	赤ワイン
● Blanco	ブランコ	白ワイン
● Rosado	ロサード	ロゼワイン
● Bodega／Bodegas	ボデガ／ボデガス	醸造所
● Cosecha／Añada	コセチャ／アニャーダ	収穫年
● Embotellado	エンボテリャード	瓶詰め元

熟成期間がチェックしやすい

ワイン名
大きい文字が名前であることが多い。生産者がつけた名前や、生産者名がワイン名になったものがある。
これはローダ・II（ドス）・レセルバ（熟成表示）というワイン。

原産国

熟成表示
このワインが出荷される前にどのくらい熟成されたかをあらわしている。
この場合はレセルバというクラスで、樽と瓶で3年熟成されたことを意味する（熟成表示の詳細は77ページ参照）。

収穫年
原料のぶどうが収穫された年。

瓶詰め表示
生産者がワインを瓶詰めしたと記してある。

アルコール度数

DOCリオハの品質保証マーク

容量

産地名
ぶどうが収穫された地名。これはリオハ産だ。

格付け
スペインのワイン法で規定された格付け。これは最高格付けのDOCである。

生産者名
ワインの造り手名。ボデガスは醸造所を意味しており、ボデガス・ローダでローダ醸造所となる。

スペイン最高のワイン産地 伝統と近代化がミックスしている

スペインを代表する高級ワイン生産地が、首都マドリッドの北東にあるリオハ地域だ。エブロ川の支流のオハ川沿いにある地域で、リオハという名称は、リオ・オハ（スペイン語でオハ川）が短縮され、やがてこの地域産のワイン名として転用されるようになったもの。

この地はもともと一〇〇〇年のワイン造りの歴史がある。一九世紀になるとフランス・ボルドー地方のワイン製造者がリオハ地域に移り住み、醸造技術を伝えた。さらに近代になって、革新的な醸造技術の導入が加わり、ひじょうに高品質なワインが誕生するようになったのである。

品質が高まったもうひとつの要因は、テンプラニーリョ種というスペイン原産の高品質な品種があったことだ。この品種は、香り高い、とてもエレガントな赤ワインを造り出してくれる。

リオハ地域では、熟成に対する分類で、スペイン全体の規定より長く定められているものもある。

なおリオハ地域は三地区に分けられる。それぞれの地区のぶどうを混合させることもあれば、独自のワインを造ることもある。

黒ぶどう

テンプラニーリョ（Tempranillo）

栽培地域は？

スペイン各地で栽培されている。産地によってよび名が変わる。ティント・フィノ（Tinto Fino）、ウリュ・デ・リェブレ（Ull de Llebre）、センシベル（Cencibel）などたくさんの別名がある。

どんな品種？

スペイン原産のぶどう。名前が“早熟”という意味をもつとおり、比較的早く熟す。

どんなワインになる？

バランスのいい高品質の赤ワインになる。深みのある濃い赤色、まろやかで豊かな香りやコクが生まれる。

リオハは3つの地区に分けられる

リオハ地域
Rioja

伝統的な赤ワインの産地。主に、スペイン原産のテンプラニーリョ種から、まろやかな味わいが特徴の長期熟成タイプの赤ワインが造られる。

リオハ・アルタ地区
Rioja Alta
エブロ川沿いの産地で、最上流にある。口あたりとバランスのいいワインが多い。

リオハ・アラヴェッサ地区
Rioja Alavesa
エブロ川北岸にある冷涼な気候の産地。酸味が少なく、フルーティなワインが多い。

リオハ・バハ地区
Rioja Baja
エブロ川下流地域にある産地。アルコール度が高く、酸味の弱いワインが多い。

リオハの主なワイン

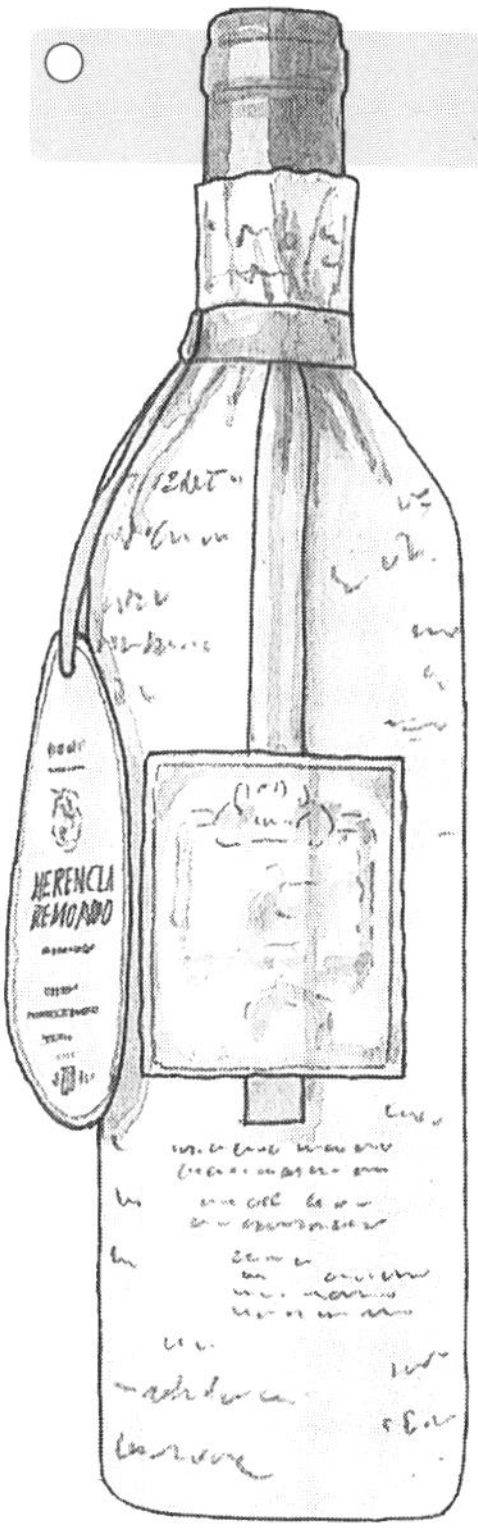

○ **エレンシア・レモンド・グラン・レセルバ**
（ボデガス・パラシオス・レモンド社）

まろやかなバランスのいい赤ワイン。紙に包まれ、赤いリボンのかかった珍しいボトル。

○ **トーレ・ムガ・レセルバ**
（ボデガス・ムガ社）

厳選したテンプラニーリョ種を主体に、伝統的な長期樽熟成で造るなめらかでリッチな赤ワイン。

○ **ビーニャ・トンドニア**
（ロペス・デ・エレディア社）

昔ながらのリオハらしい、長命でやわらかく優雅な赤ワイン。造り手は1877年に創業した伝統的な生産者。

○ **ガウディウム・グラン・ビーノ**
（ボデガス・マルケス・デ・カセレス社）

ボルドータイプの重厚で力強い長期熟成タイプの赤ワイン。同社は、生産者名マルケス・デ・カセレスを冠したワインも数種類造っている。

リオハの著名な生産者たち

ボデガス・マルケス・デ・カセレス社

1970年創業。フランスのボルドー地方の生産者が設立した。ぶどう農家から購入したぶどうを使い、スペインでボルドータイプのワインを造る。

ボデガス・パラシオス・レモンド社

1948年創業。オーナー一族は17世紀からワイン醸造に携わっている。クリアンサ、レセルバ、グラン・レセルバと各熟成度のものがそろっている。

ボデガス・バルデマール社

1889年創業。1980年代に最新設備を取り入れ、フルーティさを魅力とするモダンなワインを造る。リオハの３地区すべてに自社畑をもっている。

○ ローダ・Ⅰ（ウノ）・レセルバ
（ボデガス・ローダ社）

長期熟成の男性的なタイプの赤ワイン。女性的なやわらかい味わいの「ローダ・Ⅱ（ドス）・レセルバ」もある。ローダ社は、1991年にリオハ・アルタに設立された。

注ぐときは、半分以下にする

ワインの楽しみの重要な部分を占める香り。十分に堪能するには注ぎ方もポイントだ。香りが立ち上り、とどまるスペースをつくるために、注ぐワインはグラスの３分の１以下がいい。

リオハ周辺の地域も注目度が高い

ナバーラ地域
Navarra

リオハの北東に位置する。以前から、ロゼワインの産地として知られていたが、テンプラニーリョ種と外来種のカベルネ・ソーヴィニヨン種やメルロ種とのブレンドが功を奏し、赤ワイン産地としても人気がでてきた。DO産地に認定されている。

ソモンターノ地域
Somontano

ナバーラの東のアラゴン州にある注目のワイン産地。20世紀後半、DO産地に認められた。昔ながらのスペインワインではなく、国際市場を意識した造りが行なわれ、モダンな白ワインができる。海外からの評判が高い。

リオハに肩を並べる赤ワインが生まれる

中央部よりやや北西にあるカスティーリャ・イ・レオン州。この地で筆頭にあげなくてはならないのが、この州の真ん中にあるリベラ・デル・デゥエロ地域だ。近年、急速に高級赤ワインが造られるようになり、リオハに並んで世界に名が知られるようになった。

この地域は、ぶどう畑も醸造所も、家族経営の小規模なところが大半を占める。しかも冬は寒く夏は暑く、気候的にはリオハよりかなり厳しい。それなのに高品質のワインができるようになったのは、小規模経営者たちの不断の努力と、寒い秋のおかげでぶどうがゆっくり成熟し、ぶどう本来の味が生かされたワインができるからである。完熟したぶどうを使った赤ワインは、アルコール分が多く、深いコクをもつ。テンプラニーリョ種やカベルネ・ソーヴィニヨン種などのぶどうから、赤ワインとロゼワインだけが造られている。

この州にはそのほか、主にロゼワインを造るシガレス、デェルデホ種による軽いタッチの白ワインに人気が高いルエダ、リッチでパワフルな赤ワインで知られるトロなどの地域がある。

天使がすすめるスーパーテーブルワイン

テーブルワインのなかにも、品質、人気、価格ともに格付けワインを凌駕《りょうが》するものがある。スーパーテーブルワインといわれるワインだ。

たとえば、高級ワイン「ウニコ」を造るベガ・シシリア社の隣のワイナリーが造る「アバディア・レテュエルタ・パゴ・ネグラララーダ」。ワイン評論家ロバート・パーカー氏の評価も抜群で、価格も高騰しているが、畑の一部がＤＯ規定外のため、格付けはテーブルワイン。

向かいあった二人の天使が描かれているラベルは、農園内にある、古いアバディア（修道院）をモチーフにしたものだという。

コクのある上等の赤ワイン

リベラ・デル・デゥエロ地域
Ribera del Duero

デゥエロ川をまたぐ地域で、夏は暑く、冬は寒さが厳しいDO産地。ぶどう栽培に適しているとはいいがたい産地だったが、気候にあわせた栽培を行ない、濃厚でリッチな高級赤ワインを生み出す地となった。

リベラ・デル・デゥエロを代表するワイン

○ **ウニコ**
（ボデガス・ベガ・シシリア社）

奥行きのあるコクと長い余韻をもつ10年熟成の赤ワイン。コクのある重厚な味わいは、テンプラニーリョ種にカベルネ・ソーヴィニヨン種やメルロ種などをブレンドして造る。
“スペインのロマネ・コンティ”といわれるほど特別な人気を誇り、値段も高騰している。“スーパースパニッシュ”とよばれるワインのひとつ。ヴィンテージの違うワインをブレンドした「ウニコ・レセルバ・エスペシアル」もある。

○ **ピングス**
（ドミニオ・デ・ピングス社）

複雑な香りがあらわれる長期熟成タイプの赤ワイン。樹齢60年以上のテンプラニーリョ種の木のぶどうから造るため、生産限定ワインだ。ピングスよりは手に入りやすい「フロール・ド・ピングス」という銘柄も造っている。

○ **ティント・ペスケーラ**
（ボデガス・アレファンドロ・フェルナンデス社）

なめらかで、やわらかな口あたり。深いルビー色に輝くフルボディの赤ワイン。テンプラニーリョ種で造られている。さらに長期熟成させた「ティント・ペスケーラ・レセルバ」もある。

トロ地域
Toro

テンプラニーリョ種からコクのある赤ワインが造られている。凝縮された果実味と燃えるような濃さが特徴。DO産地。

ルエダ地域
Rueda

ベルデホ種というぶどうから造るさわやかでフレッシュな辛口白ワインのDO産地。魚介類にぴったりあう。

近年注目の産地
長期熟成タイプの赤ワインができる

北東部でとくに有名なのは、地中海沿岸に、バルセロナを囲むようにしてワイン生産地が並ぶカタルーニャ州だ。

土質がフランスのシャンパーニュ地方によく似たこの地方は、ペネデス地域などで生まれるフレッシュな白ワイン、とくに発泡性のワインのカバ（八八ページ参照）で有名である。しかし近年注目を浴びているのが、プリオラート地域の赤ワインだ。

険しい山岳地帯にあるこの地域は、古くからのぶどう生産地で、ガルナッチャ種という赤ワイン用の品種を栽培していたが、カバ人気のかげでひっそりと生産していたにすぎなかった。しかし一九八〇年代後半から、新しい資本が投入され設備が近代化されたことなどにより、このガルナッチャ種を一〇〇パーセント使った長期熟成タイプの重厚な赤ワインが造られるようになった。これが内外でひじょうに高い評価を得るようになり、二〇〇一年に、州政府レベルではあるがＤＯＣに認定された。

ガルナッチャ種は、北東部では広く栽培され、ロゼのカバにはこの品種がよく用いられている。

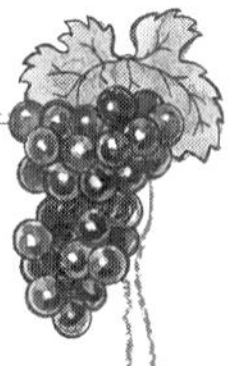

ガルナッチャ（Garnacha）

栽培地域は？

スペイン原産。スペイン全域で栽培されている。世界で数多く栽培されている品種のひとつで、フランスのローヌ地方の主要品種であるグルナッシュも同じ品種。

どんなぶどう？

病気に強く、厳しい環境にも耐えられる。果実味と甘みがある。

どんなワインになる？

アルコール度が高く、甘い香りやスパイシーな香りをもつ。

赤ワインにしては、甘めで、しなやかな舌ざわり、深いコクがあるワインになる。

フレッシュな白と重厚な赤が楽しめる

ペネデス地域
Penedés

昔からカバの産地として知られているDO産地。近年は赤、白ワインも注目されている。品種、栽培法や設備を一新し、今風の果実味のあるワインも造られている。色とりどりで華やかなラベルが多い。

ペネデスの代表的なワイン

○ **グラン・コロナス**
（ミゲル・トーレス社）

上品な辛口の赤ワイン。コロナスとは王冠の意味。ボトルに牛のマスコット人形がついてくる。同じく、ミゲル・トーレス社が造る「サン・バレンティン」という銘柄のボトルは、弓矢をもつ天使のマスコット人形つきだ。心をくすぐるちょっとしたプレゼントに最適。

プリオラート地域
Priorato

主にガルナッチャ種を栽培する歴史のあるワイン産地。近年、カタルーニャ州からＤＯＣ認定をうけた。スーパースパニッシュといわれる超高級赤ワインの誕生で、人気が集まっている。

プリオラートの代表的なワイン

○ **クロス・デ・ロバック**
（コステルス・デル・シウラナ社）

1989年の発売。パワフルな長期熟成タイプの赤ワイン。
この醸造所の造るワインに人気が集まったのを契機に、プリオラート地域の評価が急上昇した。

○ **レルミタ**
（アルバロ・パラシオス社）

果実味が豊富でリッチな味の赤ワイン。プリオラート地域を高級ワイン産地へと改革した４人の生産者のひとりが造る。

○ **グラン・ビュイグ**
（マス・デン・ギル）

厳選したガルナッチャ種のぶどうと、カリニェーナ種というぶどうをブレンドした赤ワイン。ぶどうのできのいい年にしか造られない希少なワイン。

シャンパンよりも身近な存在　気取らず飲みたい発泡性ワイン〃カバ〃

世界でもっともよく飲まれている発泡性ワインのひとつが、カバ。このカバの九〇パーセント以上が、カタルーニャ地方で生産されている。カバとは、カタルーニャの言葉で、洞窟とか地下蔵という意味。カバは瓶に詰めてから二次発酵させ、そのときに炭酸ガスが発生して、発泡性になる。そのため瓶に詰められたカバは、地下の熟成庫でゆっくりと発酵するのだ。

瓶内二次発酵による製法は、シャンパンと同じだが、価格が手ごろでしかも品質がよいため、世界中で愛されている。

原料は、パレリャーダ種、マカベオ種、チャレッロ種などスペイン原産の品種を中心として種類がきめられているほか、アルコール度数や、最低九ヵ月の熟成を必要とするなど、製法が細かく規定されている。

カバは、糖度が七段階（八九ページ参照）に分かれている。自分の好みの甘さを選ぶといい。またカバは、生産地というより、生産者個人の違いが、それぞれの個性となっている。「これは」と思うカバがあったら、生産者をチェックしておこう。

白ぶどう

パレリャーダ（Parellada）

栽培地域は？

スペイン原産の白ぶどうで、北東部を中心に栽培されている。標高300〜600メートル程度の畑がもっとも栽培に適しているという。

どんなぶどう？

香りがしっかりあり、酸味も十分にある。

どんなワインになる？

カバの主要な原料品種で、発泡性ワインになることが多い。豊かな香りとエレガントな味わいがある。

一方、ほのかに甘い花のような香りで、しっかりした味わいの白ワインにもなる。

甘辛表示を参考に選ぶ

うまい！
やっぱり ここで飲む酒が 一番おいしいな！

さわやかで手ごろなカバは、ちょっとした集まりや打ち上げに気軽に楽しめる。辛口から甘口までいろいろある。

表彰式の掛け合いに登場

バイク世界グランプリの表彰式で使われているのは、セグラ・ビューダス社の「ブリュット・レセルバ」。さわやかな辛口で、手ごろな価格。気軽に楽しめる。

BRUT RESERVA
Segura Viudas
CAVA

糖度表示

ラベルに表示されている糖度を確認しよう。食前ならきりっとした辛口、食後なら甘口がおすすめ。

辛口 → 糖度 → 甘口

（タイプ）	（残糖分）
ブリュット・ナトゥーレ	0～3g/ℓ
エクストラ・ブリュット	0～6g/ℓ
ブリュット	6～15g/ℓ
エクストラ・ドライ（セッコ）	12～20g/ℓ
ドライ（セッコ）	17～35g/ℓ
セミ・ドライ（セッコ）	33～50g/ℓ
スイート	50g以上/ℓ

代表的なカバの生産者

コドーニュ社

400年の歴史があるスペイン最大手の発泡性ワインメーカー。当主だったホセ・ラベントス氏は瓶内二次発酵法を確立した人とされている。

フレシネ社

1889年に設立。世界150ヵ国に良質のカバを輸出するスペイン最大手のひとつ。

良質で親しみやすい味わい手ごろな価格のワインがそろう

スペイン内陸部のカスティーリャ・ラ・マンチャ州は、小説・舞台・映画の「ラ・マンチャの男」でおなじみの地ラ・マンチャや、バルデペーニャスなどの産地がある。これらの、延々と続く広大なぶどう畑から、スペインのワイン生産量の約半分が造られている。

生産されるのは、白ワインが七割、赤ワインが三割で、その多くがテーブルワイン。白、赤ともにアルコール度が高めで、力強い風味がある。

中心のラ・マンチャ地域は、協同組合システムが発達していて、農家からぶどうを一括して買い上げてワインを造り、それをブレンドしているため、つねに安定した品質のワインが供給できる。また、現代的な生産施設の導入で、フルーティで上質なものも造られ、輸出が伸びている。

スペイン北西部にあるガリシア州のリアス・バイシャス地域では、アルバニーリョ種というぶどうから、イキイキとした果実味や酸味のある白ワインが造られている。海岸沿いにあり、渓谷や、湾を望む丘陵地で、日本と同じ棚式でぶどうを栽培している。料理との相性がよく、人気は高まっており、海外への輸出も盛んになってきているという。

オリーブをかじりながらワインを飲む

ワインのつまみの定番はもちろんチーズ。でもたまには、オリーブをつまみにワインを味わってみたらどうだろう。チーズと同じくらいワインとの相性がバツグンなのだ。

世界トップクラスの食用オリーブ生産地はスペイン。ぼくたちがよくみたり食べたりするのは瓶詰めだが、そのほか乾燥オリーブやオリーブペーストなどいろいろな種類がある。瓶詰めや乾燥のオリーブをカリカリかじりながらワインを飲むのもいいし、オリーブペーストをクラッカーにのせて食べるのもいい。

気取らず飲みたいデイリーワイン

ラ・マンチャ地域
La Mancha

アイレン種から造るさわやかな白ワインを中心にフレッシュなテーブルワインを産する。
カベルネ・ソーヴィニヨン種などをブレンドした、上質の赤ワインも造られている。スペイン最大の栽培規模を誇り、将来が期待されている産地。

バルデペーニャス地域
Valdepeñas

バルデペーニャス＝「石の谷」という名前のとおり、石の混じった赤土の土壌。やわらかく、フルーティな赤ワイン、フレッシュな白ワインが造られている。熟成させたものはコクやまろやかさが増す。

ガリシア州の“海のワイン”は高い人気を誇る

リアス・バイシャス地域
Rias Baixas

1988年に原産地呼称（DO）の認定をうけた。魚介類との相性がよく、「海のワイン」とも称される。いまでは、スペインの白ワイン産地として、トップクラスの名声を誇る。

このワインは
すっきりした
辛口で飲みやすい
シンプルな
魚介料理の味が
引き立つな

代表格のシェリー酒をはじめ酒精強化ワインの銘醸地

スペイン南西部のジブラルタル海峡に面したアンダルシアは、酒精強化ワインの産地として、世界的に知られた地域だ。

酒精強化ワインは、ワインに他のアルコール類を添加して、アルコール度を高めたもの。香りやコクのしっかりある酒だ。料理と一緒に楽しむのもいいが、食前酒として少量飲んで食欲を増したり、食後に少量飲んで、胃をすっきりとさせるのにぴったりなワインだ。

アンダルシアの酒精強化ワインといえば、なんといっても有名なのがヘレス地域で造られるシェリー。これについては次項で詳しく紹介するが、それ以外にも、使用する品種や製法が多少異なる、さまざまなものが造られている。

温暖な港町マラガ地域の酒精強化ワインは、干しぶどうを発酵させて造られ、独特の甘さがある。アルコール度は約一八度。

モンティリャ・モリレス地区の酒精強化ワインは主にペドロ・ヒメネス種という品種から造られる。かならずしも他のアルコールを加えなくても、十分にアルコール度が高くなることもある。

細長いと香りがグラス内にとどまりやすい
数口で飲みきれる程度の小さいグラスで十分

食前・食後酒は小ぶりなグラスで

酒精強化ワインは食前や食後に楽しむことが多い。
食欲増進のために効果的な食前酒として軽く一杯。胃を落ち着かせ、ゆったりと余韻を楽しむ食後酒として一杯飲む。それには、小ぶりなグラスがちょうどいい。

辛口から甘口までいろいろ試したい

ヘレス地域
Jerez-Xérè-Sherry

シェリーの産地として有名。シェリーは読み方によって、セレス（フランス風）ともいう。

○ マツサレム
（ゴンザレス・ビアス社）

限定生産の25年熟成ものの甘口シェリー。アルコール度は15度。ゴンザレス・ビアス社は1835年創業。「ぺぺおじさん」を意味する辛口タイプの「ティオ・ぺぺ」という銘柄が有名。ほかにも甘口から辛口まで多種類を造る。

○ ドン・ゾイロ・フィノ
（ウィリアム&ハンバート社）

心地よい飲み口の辛口タイプのシェリー。アルコール度は15.5度。きりっと冷やして飲みたい。
同社は、甘口タイプの「ドン・ゾイロ・クリーム」なども造っている。

○ イノセンテ・フィノ
（バルデスピノ社）

フレッシュな香りとコクのある辛口タイプのシェリー。同社のシェリーは、アメリカでは「ハートリー&ギブソン」というブランド名でとくに有名だ。

なんだか意味深なひとことだ（P100参照）。

マラガ地域
Málaga

食後酒向きの酒精強化ワイン、マラガ酒が造られている。マラガ酒は干しぶどうを溶かしたような特徴ある甘さ。ぶどう品種によって赤も白もある。

酵母の働きが輝かしい美酒を誕生させる

酒精強化ワインの代表であるシェリーは、アンダルシアのヘレス地域で造られたもの。ヘレスの英語読みがシェリー、フランス語ではセレスになる。この三つの名称がすべて原産地呼称（DO）として認められている。かつてはイギリスや他国でもシェリーが造られていたが、現在ではスペイン産のみがシェリーと名のれる。

シェリーは主に、伝統的な品種であるパロミノ種から造られる。パロミノ種によるワイン自体はごく平凡な味なのだが、その後の工程によって、香り高い美酒に生まれ変わるのだ。

まず、ワインにブランデーを添加してアルコール度を強化し、空気のスペースを残して樽に詰める。すると、空気が触れているワインの表面にフロールという酵母が育ち、一センチほどの白い膜ができる。この膜がシェリーに独特の風味を与える。また、左ページに紹介したソレラ・システムというシェリーならではの熟成法が高品質を保っている。

熟成の間、フロールの膜が消えないものはフィノというタイプ。アルコール度が高くフロールが育たないで造るオロロソというタイプもある。

シェリーはスペイン産のワインのなかでも古くから世界的に有名でした
かつては甘口のタイプがよく飲まれていましたがいまはフィノやオロロソといった辛口タイプが人気ですね

金、琥珀、マホガニー、色とりどりで楽しい

シェリーの色

色	シェリー		おすすめ
淡い金色	**フィノ** Fino 辛口で軽い口あたり	**マンサニーリャ** Manzanilla 辛口で軽い口あたり	**冷やして食前酒におすすめ** 魚介類や前菜、口あたりのいいチーズにも好相性。
琥珀色	**アモンティリャード** Amontillado 辛口でやさしい口あたり	**オロロソ** Oloroso 辛口でコクのある味わい（これをもとに甘口ワインにするとクリーム・シェリーになる）	**食中酒としてもグッド** アモンティリャードは鳥や魚、オロロソは肉料理と楽しんでもいい。
濃いマホガニー色	**ペドロ・ヒメネス** Pedro Ximénez パワフルで甘い。干しぶどうから造る		**食後に一杯** ブルーチーズとよく合う。アイスクリームのソースにしてもあう。

“ソレラ・システム”はシェリー特有の熟成法

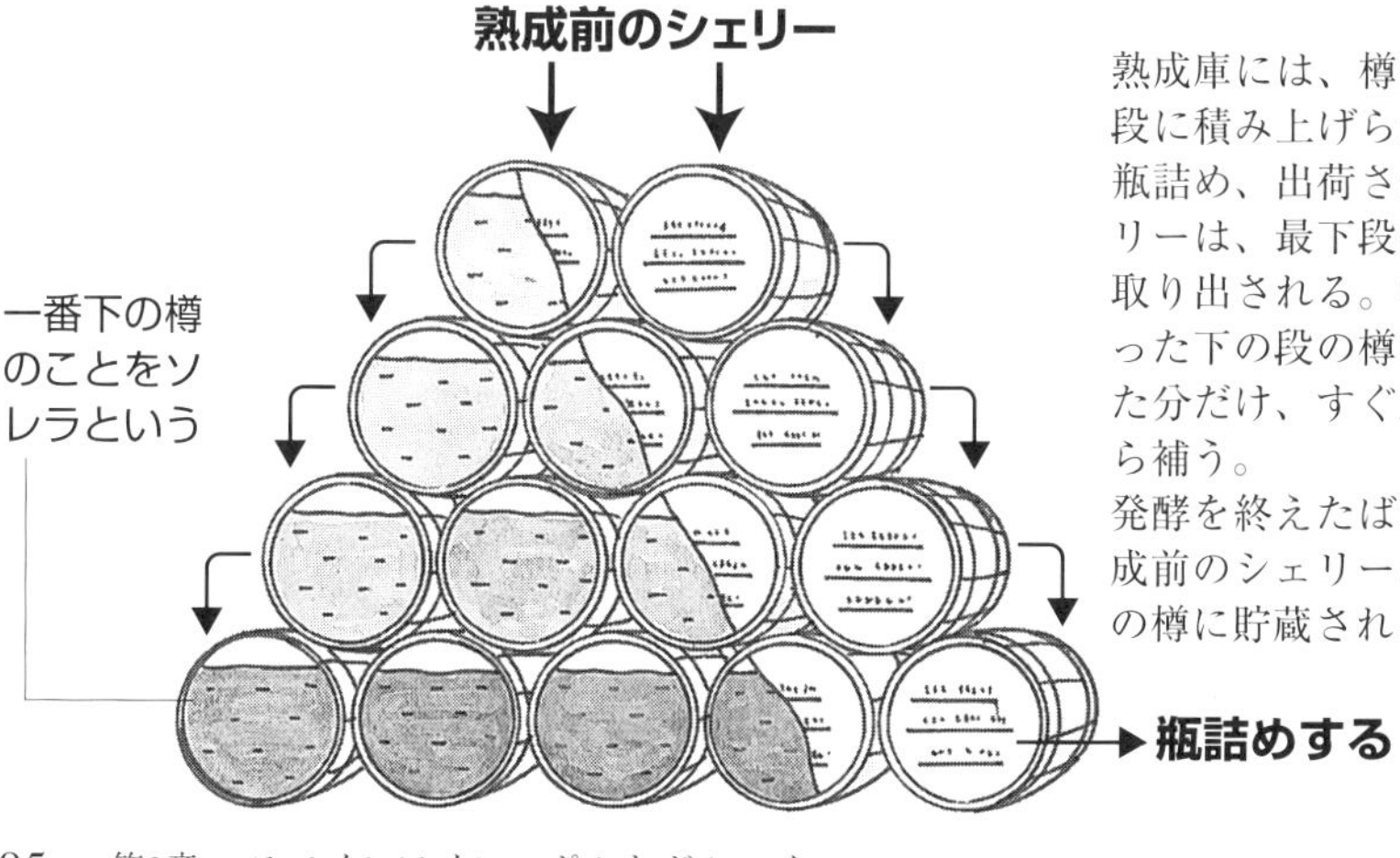

熟成庫には、樽が３、４段に積み上げられている。瓶詰め、出荷されるシェリーは、最下段の樽から取り出される。中身が減った下の段の樽に、減った分だけ、すぐ上の樽から補う。
発酵を終えたばかりの熟成前のシェリーは一番上の樽に貯蔵されるのだ。

ポートワイン、マデイラ、赤、白、ロゼ 次々と探検したくなる

紀元前からワイン造りが行なわれてきた歴史あるポルトガルは、いまもなお世界の重要なワイン生産国である。国土面積は日本の四分の一しかないのに、ぶどうの栽培面積は世界第六位ということからも、いかにワインが重要な産業であるかがわかる。

ポルトガルのワインで筆頭にあげられるのが、酒精強化ワイン。世界の三大酒精強化ワインのひとつはスペインのシェリーだが、残るふたつがポルトガルのポートワインとマデイラなのだ。

しかしポルトガルのワインは、これだけではない。世界でもっとも親しまれているロゼワインのひとつ、マテウス・ロゼもポルトガル産だ。フランス・ボルドーの醸造技術をとりいれて造られる赤ワインにも、すばらしいものがたくさんある。

ポルトガルワインの特徴は、現地の伝統的な品種にこだわっていること。そして伝統的な手法にこだわる生産者が多い反面、最先端の施設をもつ大規模な生産者もいる。多様な生産者による多種多様なワインが生まれているのが、ポルトガルなのである。

日本にはじめて伝えられた珍陀酒

日本に初めてワインが伝わったのは戦国時代。スペイン宣教師のフランシスコ・ザビエルが鹿児島に入港したとき、薩摩の大名・島津貴久にポルトガルの赤ワインを献上した。

当時はワインのことを「珍陀《ちんた》酒」とよんでいた。奇妙な訳だが、おそらくポルトガル語の赤ワイン、〝ヴィノ・ティント〟のティントを漢字に当てはめたと思われる。「珍陀酒」は、織田信長などの戦国武将に珍重されたというが、いったいどのような感想を抱いたのだろう。

ちなみに日本でポルトガルを漢字で表すと、「葡萄牙」になる。

産地ごとに特徴がはっきりしている

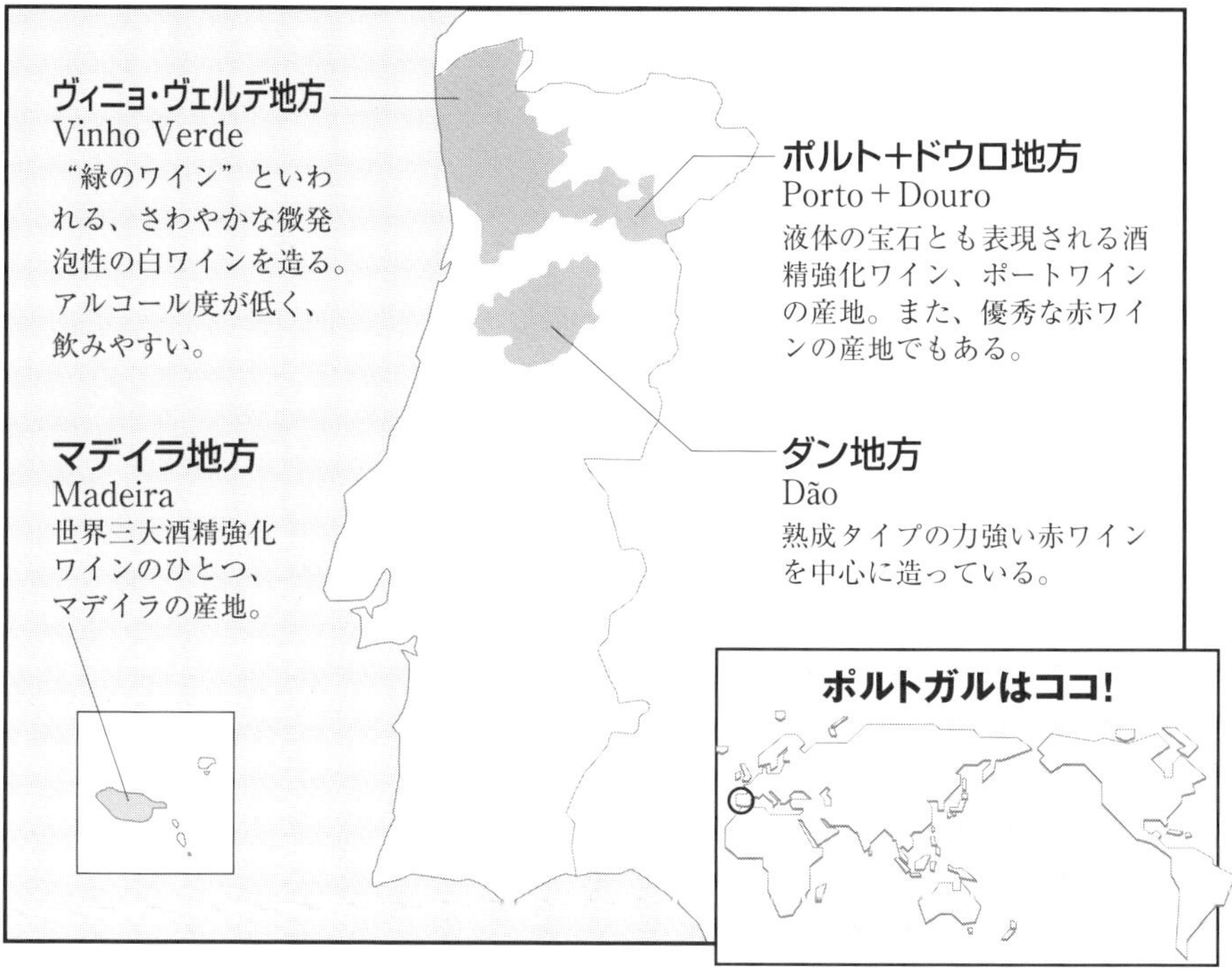
ヴィニョ・ヴェルデ地方
Vinho Verde
“緑のワイン”といわれる、さわやかな微発泡性の白ワインを造る。アルコール度が低く、飲みやすい。
ポルト+ドウロ地方
Porto + Douro
液体の宝石とも表現される酒精強化ワイン、ポートワインの産地。また、優秀な赤ワインの産地でもある。
ダン地方
Dão
熟成タイプの力強い赤ワインを中心に造っている。
マデイラ地方
Madeira
世界三大酒精強化ワインのひとつ、マデイラの産地。
ポルトガルはココ!

ポルトガルワインの格付け

DOC Denominação de Origem Controlada デノミナサン・デ・オリジェン・コントロラーダ	最上級ワイン	特定産地のぶどうで造られ、規制をクリアした最高格付けのワイン。
IPR Indicação de Proveniência Regulmentada インディカソン・デ・プロヴェニエンシア・レギュルメンターダ	上級ワイン	DOCに次ぐ格付けのワイン。DOCが増えたため、数は少ない。
Vinho Regional ヴィーニョ・レジオナル	地酒	産地の表記がある日常消費用ワイン。
Vinho de Mesa ヴィーニョ・デ・メーザ	テーブルワイン	産地の表記がない日常消費用ワイン。

早飲みワインに熟成ワイン、ロゼワインの王様までそろう

ヴィニョ・ヴェルデとは、〝緑のワイン〟という意味。緑を感じさせるような薄い黄色の白ワインが、ポルトガル北部のミーニョ川一帯で造られるワインの特徴なのだ。ペデルナン種、ロウレイロ種などの品種から造られる。完熟する一週間前に収穫するため、アルコール度が低く、わずかに炭酸を含んだフレッシュな風味になる。アルコールに弱い女性も、この美しい色合いのワインを気軽に楽しめるはずだ。

この地方は、かつて赤ワインがほとんどを占めていたが、白ワインの評判が高くなり、現在ではほとんどが白ワインだという。

一方、上質な赤ワインで名が知られるようになったのが、ポルトガル内陸にある丘陵地ダン地方。作家の檀一雄氏が、自分の名前と同じ発音のこの地とワインをこよなく愛したということでも有名だ。

フランス・ボルドーの醸造家が製造技術を伝えたこともあって、タンニンをたっぷり含んだ力強い赤ワインが、ダン地方のワインの魅力である。生産量は少ないが、白ワインの向上も著しく、フルーティでしっかりしたボディの良質なものが造られている。

赤ワインも
白ワインも
どっちも
楽しみたいわ

ポートワインだけがポルトガルワインじゃない

デザートワインにぴったりなポートワイン以外にも、ポルトガルには、食事にあわせて味わいたい赤、白ワインが豊富にそろっている。食前酒から食後酒まで、ポルトガルワインだけでフルコースにも対応できるのだ。

早飲みワインから熟成ワインまでいろいろ

うん
これなら
人気が出るな

ヴィニョ・ヴェルデ地方
Vinho Verde

地方名が“緑のワイン”というだけあって、フレッシュな白ワインが造られている。手ごろな値段のものが多い。軽く冷やして、テーブルワインとして食前や食中に飲みたい。ヴィソー社などが造っている。

ダン地方
Dão

タンニンがしっかりしたパワフルな赤ワインで有名な産地。この地のワインが1900年パリ万博のワイン品評会で金賞を受賞し、その名が世界に広まった。
重厚な熟成タイプで、熟成するほどまろやかになり、豊かな香りが増すワインが多い。スパイシーな料理や鶏肉、脂ののったイワシなどとあう。
ダン地方の造り手には、老舗のキンタ・ドス・ロケス社のほか、キンタ・ダス・マイアス社などがある。

たまには
ロゼワインも
いいよね

ポルトガルの“ロゼワイン”も健在

微発泡でほんのり甘口のロゼ。どんな料理にもあわせやすい。1942年の発売以来、世界的に人気があるポルトガルのロゼといえば、ソグラペ社の「マテウス・ロゼ」だ。日本にも早くから出回っていたので、懐かしく思う人もいるだろう。

マテウス・ロゼは、フランスの「タヴェル」や「ロゼ・ダンジュ」とともに、世界三大ロゼワインのひとつに数えられる。さわやかな口あたりと、しっかりした味わいが特徴だ。

造り手のソグラペ社はポルトガル最大のワインメーカーだ。

宝石を溶かしたような艶と輝きをもつ

ポルトガル北部のドウロ川流域の一帯で造られるのが、有名なポートワイン。山々に囲まれた急峻な段々畑にぶどうが植えられている地域で、ここで造られたワインはヴィラ・ノヴァ・デ・ガイアという町に運ばれて熟成され、対岸の町ポルトから出荷される。ポートという名称は、このポルトからきている。

ポートワインは、ラガールとよばれる発酵槽でぶどうを発酵させ、まだ糖分が残っている段階でブランデーを加えてアルコール度を高めて造られる。発酵しきらないうちにアルコールによって発酵が止まるので、ぶどうの自然な甘さとフルーティさが残る美味なワインに仕上がる。

伝統的な方法では、ラガールに人が入って裸足でぶどうをつぶすのだが、現在はほとんど機械を使用している。とはいえ、いまだに伝統を守っている個人生産者もいるというから楽しい。

男性が女性に愛を告白するとき、このポートワインを贈るのだという。ちなみに女性がシェリーを飲みたいといったときは、「一緒に夜を過ごしてもいい」という意味だとか。女性の方々はちょっとご注意を。

ポートワインの保証シールをチェック

厳密な品質検査をクリアしたポルトガル産のポートワインには、保証シールが与えられている。

半官半民のポートワイン・インスティテュートという組織によって公式に保証されている。多くはボトルネックに貼られている。

真ん中に番号が入っている。

高貴な味わいは背筋を伸ばして飲む

○ テイラー・トウニー20年
（テイラー・フラッドゲート&イートマン）

凝縮した上品な甘みのあるポートワイン。アルコール度数は20度ある。
「テイラー」は創業300年を超える著名な生産者の造るブランド。高級品から、手ごろな普及品までそろっている。

ROYALOPORTO
40
PORTO

○ ロイヤル・オポルト40年
（レアル・コンパニア・ヴェーリャ社）

ブレンドした原酒の平均熟成年数が40年にもなる高級ポートワイン。芳醇な香りただよう高貴な味わい。
同社は、ロイヤル・オポルト社、または王立ポルトガル北部ワイン生産会社ともいう。18世紀に創設され、ポルトガル王室や、英国の上流階級に長く愛されてきた。

○ キンタ・ド・ノヴァル・ヴィンテージ95
（キンタ・ド・ノヴァル社）

95年に収穫されたぶどうで造られた、熟成感とリッチな甘みのある優美なポートワイン。キンタ・ド・ノヴァル社は1715年創業の老舗。同社が造る「コリェイタ」というタイプのポートワインは、単一の年のぶどうで造ったポートを、7年以上熟成させてから瓶詰めしたもの。華やかで繊細な香りが楽しめる人気の銘柄だ。

どう？
甘くて飲みやすいから女の人には好まれると思うよ

5タイプのポートを知る

ルビー、ホワイト、トウニーの3つが基本。さらに高級クラスのポートとして、ヴィンテージ、レイト・ボトルド・ヴィンテージなどがある。

ルビーポート
Ruby Port

ルビー色の甘口タイプで比較的若いポート。果実味も豊富にある。

黒ぶどうが原料で、樽で3年熟成したもの。

食後酒としても、カクテルの材料としても人気がある。

ホワイト・ポート
White Port

甘口や、やや辛口タイプがある。

白ぶどうが原料で、3年または5年熟成したもの。

少し冷やして食前酒として楽しみたい。

トウニー・ポート
Tawny Port

とろりと舌に広がる上品な甘さをもつ。熟成に従って、赤色が薄くなっていく。

ルビーポートを長期間熟成したポートワイン。

食前酒、食後酒どちらでも楽しめる。

ヴィンテージ・ポート
Vintage Port

まろやかな口あたりで、ふくよかな味わい、深みのあるルビー色。

単一のできのいい年に収穫したぶどうを原料に、樽でおよそ2年熟成、その後、瓶内で長期熟成する。

収穫年が表示される。

極上のデザートワイン。ブルーチーズとも好相性。

レイト・ボトルド・ヴィンテージ・ポート
Late Bottled Vintage Port＝L.B.V.

繊細かつ厚みのある香りで、コクがある。単一の収穫年のぶどうを原料に、樽で4～6年熟成、それから瓶内熟成。収穫年の表示がある。

食後酒としてデザートや、チーズと一緒に。

こんな単語もCHECK！

コリェイタ
Colheita

7年以上の樽熟成の後、瓶熟成する。年号入りポート。単一年のトウニー・ポート。

郵 便 は が き

お手数ですが、
50円切手を
おはりください。

151-0051

東京都渋谷区千駄ヶ谷4-9-7

(株) 幻冬舎

「知識ゼロからの世界のワイン入門」係行

ご住所 〒□□□-□□□□ Tel. (　　-　　-　　) Fax. (　　-　　-　　)			
お名前	ご職業		男
	生年月日　　年　月　日		女
eメールアドレス：			
購読している新聞	購読している雑誌	お好きな作家	

◎本書をお買い上げいただき、誠にありがとうございました。
質問にお答えいただけたら幸いです。

◆「知識ゼロからの世界のワイン入門」をお求めになった動機は？
① 書店で見て ② 新聞で見て ③ 雑誌で見て
④ 案内書を見て ⑤ 知人にすすめられて
⑥ プレゼントされて ⑦ その他（ ）

◆本書のご感想をお書きください。

今後、弊社のご案内をお送りしてもよろしいですか。
（ はい ・ いいえ ）
ご協力ありがとうございました。

ポートワインには20年、30年、40年……と熟成したものがある。生まれ年のポートワインを贈り物にするのもロマンチックだ。

「ちょいモテオヤジ」に

食後酒とシガーを嗜む

ポートワインを飲みながら、シガーを嗜《たしな》むのは至福のとき。

トウニー・ポートのように濃縮した甘さのものは、上品で力強い甘みのシガー（モンテクリストなど）と相性がいいだろう。

ヴィンテージ・ポートには、奥深くまろやかな味わいのシガー（コイーバなど）をあわせれば、リッチな甘みや熟成感が広がるはず。とくに長めのシガーを選べば、よりマイルド。女性にもおすすめ。シガーの吸い方はタバコとは異なる。初めての人は、お店の人に教えてもらおう。

奇跡のワインの誕生は熱や酸化のおかげ

リスボンから南西一〇〇〇キロの大西洋上に浮かぶ島マデイラ。〝大西洋の真珠〟ともよばれる美しい島で、ヨーロッパ屈指のリゾート地としても知られている。

世界三大酒精強化ワインのひとつマデイラは、偶然の積みかさねによって誕生した。まず一七世紀に、高温の赤道を横切って航海していた帆船に積み込んだワインに、独特の香りが生まれていることがわかった。

本来ならワインを劣化させる加熱や酸化が、かえって特徴的な風味をかもしだしたのである。さらに一八世紀、ジブラルタル海峡をめぐる紛争のために海外の船がやってこなくなったことから、行き場に困ったワインを長期保存するために、一部のワインを蒸留して残りのワインに加えた。それを飲んでみると、風味が深くなっていたというのである。

このような経緯から、ワインに熱を加えて酸化させ、その後アルコールを添加する、独特の製法ができあがったというわけだ。

酒精強化ワインは一般に、食前か食後に飲むものだが、マデイラは極上の食中酒だと絶賛するグルメも多い。試してみるといい。

長い船旅、加熱、酸化……ワインが悪化するかと思えばかえって独特の酒になるとはおどろきです

ぶどうによって違うタイプに仕上がる

辛口

セルシアル種 Sercial
食前酒にぴったりの、さらっとした辛口ワインになる。標高の高い地で栽培されるぶどう。

ヴェルデリョ種 Verdelho
しっかりした香りをもつワインになる。やや高地で栽培される。

テランテス種 Terrantez
ヴェルデリョ種とボアル種の中間の性格で、デリケートなワインになる。生産量が少ない。

ボアル種 Boal
少し甘口で芳醇な香りが広がるワインになる。標高300～400mの暑い地域で栽培される。

マルヴァジア種 Malvasia
甘口で香りが長く続くワインになる。マルムジィともよばれ、海岸線から標高400m程度の暑さの厳しい地域で栽培される。

甘口

飲む以外の楽しみ方もある

料理にマデイラ
煮込み料理の風味付けに使うと味に深みが増す。エシャロットを炒め、マデイラとフォン・ド・ヴォー(子牛のだし汁)で煮詰めたマデイラソースは有名。

デザートにマデイラ
そのままアイスクリームやお菓子にかけて、デザートとしても楽しめる。

熟成年数による分類

いい香り
このワインはチリとフランスの生産者が一緒に造ったものなんです

恵まれた気候や地形、
土壌で上質の
ぶどうが育つ

ワイン用ぶどうの栽培に最適の地に、
各国から生産者が集まっている

ジョイントベンチャーってことですね

良質のワインが
手ごろな価格で手に入ることも人気の要因

第4章

—ジューシーな果実味があふれる—

チリワイン

アルゼンチンワイン

恵まれた環境ではぐくまれるジューシーで豊満な味わい

チリワインは、フルーティさ、凝縮した味わい、飲みやすさ、そしてコストパフォーマンスの高さなどで人気が高い。

この国は、ぶどうの日照時間が長く、昼夜の温度差が大きいため、果実味のある良質のぶどうが育つ。

冬季に集中して雨が降り、春の終わりから、夏の終わりまで乾燥した気候がつづくことも、しっかりした味わいのぶどうが育つ要因となっている。

また、一九世紀後半、世界各地のぶどう畑に蔓延《まんえん》し、ぶどうの木を全滅させたフィロキセラ（アブラムシの一種で、ぶどうの木を食い荒らす害虫）の害をまぬがれた土地でもある。

こうしたことから、世界のワイン関係者の注目を集め、新しいワイン造りをめざした海外の生産者がチリに進出したり、チリの生産者と共同してワインを造ることが盛んになったのだ。

資金や技術、経験などが海を渡って入ってくるなかで、チリワインはさらなる成長をつづけているといえる。

チリワインの歴史は意外に古い

チリのワインは、ある日突然、ワイン市場に飛びだし、あっという間に世界を席巻した感覚がある。しかしワイン造りの歴史は長い。

16世紀にスペインの支配下に入るとともに、ワイン造りが広まった。その後、ヨーロッパ産のぶどう品種が大量に植えられるようになり、19世紀には海外の醸造家も進出、品質が向上していった。

チリワインが世界的に注目を浴びたのは、1989年にフランスのボルドーで行なわれた品評会での、金メダルと銀メダルの獲得。これをきっかけに、世界中へ羽ばたいたのである。

チリワインを楽しむポイント

最近は
これぞ高級ワイン
といえる
味わい深いものが
増えてきましたね

同じ価格ならもっともリッチな味わいを誇る

手ごろな値段で高級感のあるワインならチリがおすすめ

チリワインは、テーブルワインにしても高級ワインにしても、価格に比して品質が極めてすぐれている。コストパフォーマンスが高いのだ。

ぶどう栽培に適した産地で、手間がかからず理想的に仕上がるのが一因。ジューシーで糖度と酸味のバランスのいいワインになる。

単一品種で造られたワインがいろいろあり、好きなぶどうのワインが楽しめる。

造り手に注目　地元の大規模なワイナリーのほか、海外の名だたる生産者が造っているワインもある。

日あたりがよく乾燥した夏が低農薬を後押しする

チリは、アンデス山脈を背に、縦に五〇〇〇キロにも伸びる、ひじょうに細長い国だ。そのため南と北ではかなり環境が違うが、全般的には冬に雨が降り、夏は乾燥するという、典型的な地中海性気候である。

ぶどうは北から南まで広く栽培されている。それぞれの土地の気候や土壌などの環境によって、さまざまな品種のぶどうが栽培されており、栽培の方法もまちまちだ。

ワイン生産地域としては南北に広がる国土のほぼ中央に集まっている。なかでも中心となるのは、首都サンティアゴの周囲に広がるアコンカグア大地域や中央渓谷地方である。この地域では、東にアンデス山脈、西に海岸山脈がそびえた盆地の斜面に、ぶどう畑が広がっている。カベルネ・ソーヴィニヨン種、メルロ種、シャルドネ種などの、ヨーロッパ系の品種が栽培され、フランスタイプの高級ワインが大量に造られている。

北部は、ビスコという蒸留酒を造るためのマスカット系ぶどうの産地。南部でもマスカット系品種から、国内消費用ワインが造られている。

初心者の人は品種ごとにワインを飲み比べてみるといい
ぶどうによってワインの味はまったくかわるその面白さがわかるはずだ

生産の中心はサンティアゴ周辺

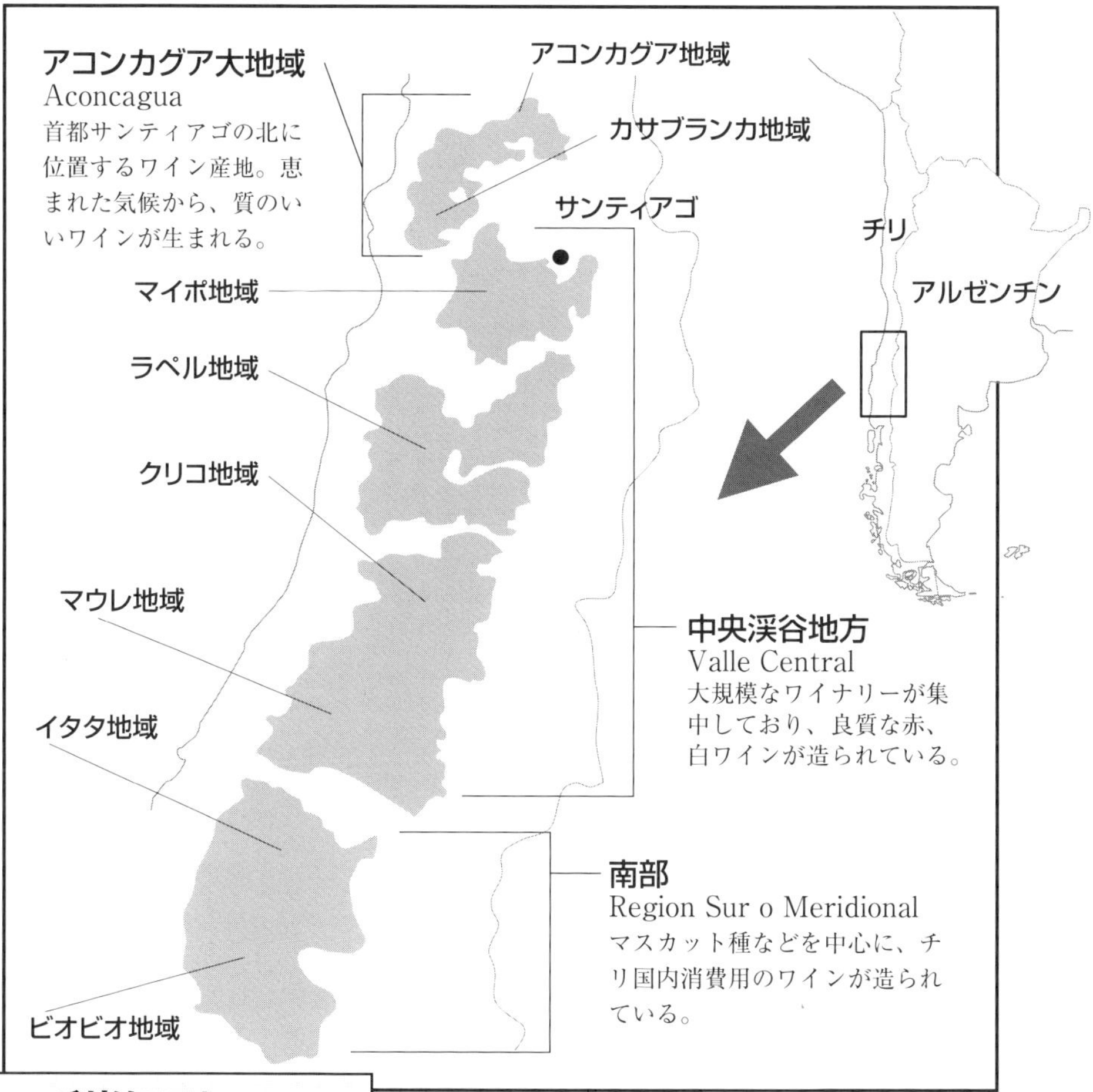

アコンカグア大地域
Aconcagua
首都サンティアゴの北に位置するワイン産地。恵まれた気候から、質のいいワインが生まれる。
アコンカグア地域
カサブランカ地域
サンティアゴ
マイポ地域
ラペル地域
クリコ地域
マウレ地域
イタタ地域
ビオビオ地域
チリ
アルゼンチン
中央渓谷地方
Valle Central
大規模なワイナリーが集中しており、良質な赤、白ワインが造られている。
南部
Region Sur o Meridional
マスカット種などを中心に、チリ国内消費用のワインが造られている。

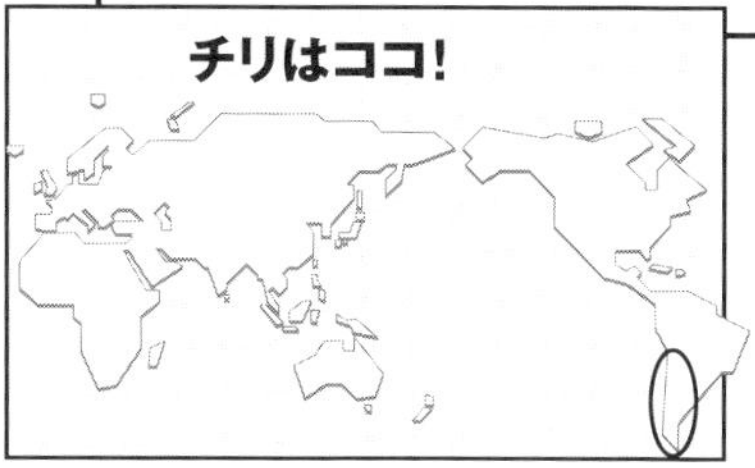

チリはココ!

チリがぶどう栽培に最適なワケ

日あたりがいい　昼夜の気温差が激しい

害虫がいない

乾燥した長い夏　寒い冬

土にぶどうの枝をさしておけば実がつくといわれるほど、ぶどう栽培に好適な土地。

醸造元の名前とぶどう品種をチェック

チリワインはワイン法によって、原産地呼称ワイン、産地名のないワイン、そしてヴィーノ・デ・メサの3つに分類されている。ヴィーノ・デ・メサというのは食用ぶどうから造られるワイン。国内消費用だ。私たちが日本で手にするワインは原産地呼称ワインが多い。

原産地呼称ワインは、産地をラベルに表示できるが、そのためには記載された産地で収穫されたぶどうを七五パーセント以上使用していなくてはいけない。また、ぶどう品種の表示は、その品種を七五パーセント以上使用しているものにかぎる、収穫年の表示は、その年に収穫されたぶどうを七五パーセント以上使用しているものにかぎるなど、アメリカと同じように、細かいきまりがある。

産地や品種のほか、ラベルに品質に関する補助の表示がされていることがあるので、これもチェックしておこう。たとえば、糖分の量に応じて、辛口はＳｅｃｏ（セコ）、甘口はＤｕｌｃｅ（ドゥルセ）などと表示してある。また、熟成具合などの補足表示もある。

有名な醸造元はかぎられているので、生産者もチェックしておこう。

ラベルの読み方

収穫年

ワイン名
生産者名や品種名がついたり、独自の名前がついたりする。これは、生産者名（モンテス）＋メーカーのシリーズ名（アルファ）＋品種名（シャルドネ）。

生産地名
ぶどうの産地。これはアコンカグア大地域にあるカサブランカ地域。
産地名のあるワインは、原産地呼称ワイン Denominacion de Origen（DOワイン）。日本で手にするのは多くがこのクラス。

アルコール度数　**容量**

ぶどうと造り手がコストパフォーマンスを支える

好条件のぶどう産地

P110、111で紹介したように、チリの風土はぶどうを栽培するのに最適。上質のぶどうが育つため、手間をかけなくてもおいしいワインが安価に造れる。

高い実力の生産者

もともとこの国で本格的にワインを造りはじめたのは大地主たちだったため、昔からの大手ワイナリーの多くは、広い土地で大規模に生産している。高度な設備や技術があり、ワインの質も高い。
一方、理想的なワイン産地でコストも安価におさえられるため、新たなワイン造りの地として、外国の醸造家も集まってきている。

地元の大手ワイナリー

コンチャ・イ・トロ社
エラスリス社
サンタ・カロリーナ社
サンタ・リタ社
など

外国から参入したワイナリー

ミゲル・トーレス・チリ（スペインの名門ミゲル・トーレス）
ビーニャ・デ・ラローズ（フランスのシャトー・ラローズ・トラントゥドン）
など

これからよろしくお願いします
一緒に最高のワインを造りましょう

ジョイントベンチャーも流行

近年は、チリの地元生産者と、外国の生産者が共同でワイン造りを行なうことも増えている。

フランスの バロン・フィリップ ＆ チリの コンチャ・イ・トロ →「アルマビーバ（P119参照）」

カリフォルニアの ロバート・モンダヴィ ＆ チリの エラスリス →「セーニャ（P117参照）」

年に三〇〇日は晴れ うまみの凝縮したぶどうが育つ

首都サンティアゴの北方に位置するのが、アコンカグア大地域。大きくはアコンカグア地域とカサブランカ地域に分けられる。

アコンカグア地域は、周囲を一五〇〇～一八〇〇メートル級の山々に囲まれた、東西を横断する渓谷地帯だ。夏には最高気温が三〇度になり、一年のうち三〇〇日くらいは晴れ。気候といい日照時間といい、ぶどう栽培にはもってこいの環境である。

カサブランカ地域は、海に近い海抜四〇〇メートル程度のゆるやかな傾斜地だ。海風の影響もあり、温暖でおだやかな気候だが、夏の最高気温は二五度程度と、アコンカグア地域よりやや涼しい。そのためぶどうはゆっくりと成熟し、糖度が高くなる。チリワインのなかでもとくに品質のよいワインが造られることで有名だ。

チリというと、白ワインより赤ワインのほうが上質だといわれている。しかし近年は白ワインの質も向上。とくに、比較的涼しい気候のカサブランカ地域では、シャルドネ種（一三六ページ参照）などの品種を使った高級白ワインも多く造られている。

黒ぶどう

メルロ（Merlot）

栽培地域は?

フランスのボルドー地方で栽培される主要品種。
カリフォルニアやチリ、オーストラリア、イタリアなど世界各地で栽培されている。

どんな品種?

カベルネ・ソーヴィニヨン種（P56参照）よりもタンニンの少ない黒ぶどう。

どんなワインになる?

濃厚な味わいで渋みが少なく、丸みのあるなめらかなワインになる。フランスでは、ブレンドされることが多いが、カリフォルニアやチリなどでは、メルロ種だけで造られるワインも多い。

トロピカルな太陽の味がアクセント

アコンカグア地域
Aconcagua Valle

アンデス山脈から海へ向かって流れるアコンカグア川の流域に広がる産地。

カサブランカ地域
Casablanca Valle

アコンカグア地域よりも南西に位置する産地。ぶどうの栽培面積は、アコンカグア地域のおよそ4倍にもなる。

代表的なワイン

○ **ドン・マキシミアーノ・ファウンダース・リザーヴ**
(ビーニャ・エラスリス社)

アコンカグア地域産の赤ワイン。しっかりした味わいと、上品なスタイルがあり高級ワインとして名高い。ワイン名は、創業者の名前。
エラスリス社は、カベルネ・ソーヴィニヨン種やメルロ種、シャルドネ種など、品種ごとのワインの生産が多い。それぞれの品種のワインの上級品もある。

たくさん日差しを浴びた、糖度の高いぶどうで造るチリワインは、天真爛漫《てんしんらんまん》な味わいで、心地よく楽しめるものが多い。

気候の異なる四つの地区に大規模ワイナリーが集まる

中央渓谷地方は、サンティアゴの南に位置する、南北三五〇キロに及ぶチリ最大のワイン生産地だ。北からマイポ地域、ラペル地域、クリコ地域、マウレ地域の四つの地域に大きく分かれている。

なにしろ広大な地域だけに、気候もそれぞれ異なり、栽培される品種もそれぞれだ。ヨーロッパでは栽培中、水の調整は禁止されているが、チリでは雨の少ない夏は、灌漑《かんがい》が行なわれている。

中央渓谷地方は、チリのなかでも高級ワイン生産地として名高いが、とくに有名なのが、サンティアゴにもっとも近いマイポ地域や、ラペル地域のサンフェルナンド地区、クリコ地域のロントゥエ地区などだ。カベルネ・ソーヴィニヨン種やシャルドネ種などを使った、フランス風の重厚な赤ワインが造られている。

大規模なワイナリーも、この地域に集中している。たとえばマイポ地域には、コンチャ・イ・トロ社やサンタ・カロリーナ社、サンタ・リタ社など。ラペル地域には、ビスケルト社、ロス・ヴァスコス社、サンタ・モニカ社など。クリコ地域にはミゲル・トーレス社などがある。

やわらかな口あたりでジャムのような甘くフルーティな香りです
タンニンも強く感じるのでさらに一〇年ぐらい熟成させてから飲みたいですね

カベルネから重厚な赤を造る

マイポ地域 Maipo Valle	首都サンティアゴのすぐ近くにある産地。マイポ川流域に広がる。 カベルネ・ソーヴィニヨン種などが栽培される歴史ある産地で、老舗のワイナリーも多い。
ラペル地域 Rapel Valle	ラペル川流域に広がる産地。 中規模な先進的なワイナリーが多い。
クリコ地域 Curico Valle	ラペル地域とマウレ地域の間にある産地。
マウレ地域 Maule Valle	マウレ川流域に広がる産地。チリでもっとも広大な産地を誇る。

代表的なワイン

○ カボ・デ・オルノス
（サン・ペドロ社）

カベルネ・ソーヴィニヨン種100%の濃厚な赤ワイン。サン・ペドロ社はチリ国内で2番目の規模を誇る。
同社が造る手ごろなワインの「ガトー（猫）」シリーズには、ボトルに猫のマスコット人形がついてくる。

○ ドムス・アウレア
（ケブラダ・デ・マクール社）

カベルネ・ソーヴィニヨン種100%で造る赤ワイン。

○ サンタ・リタ・カーサ・レアル・カベルネ・ソーヴィニヨン
（サンタ・リタ社）

樹齢40年以上のカベルネ・ソーヴィニヨン種のぶどうから造る赤ワイン。
甘く複雑な香りと深いコクのあるリッチな味わい。

○ セーニャ
（カリテラ社）

深い色と複雑な香り、リッチな味わいが魅力的なスーパープレミアム赤ワイン。カベルネ・ソーヴィニヨン種にメルロ種とカルメネール種をブレンド。
カリテラ社は、ビーニャ・エラスリス社とカリフォルニアの著名な生産者ロバート・モンダヴィがジョイントした会社。品種ごとの特徴を押し出したカリテラシリーズがある。

○ モンテス・アルファ“M”
（モンテス社）

カベルネ・ソーヴィニヨン種に、メルロ種とカベルネ・フラン種をブレンドしたボルドータイプの赤ワイン。

チリ最大の生産者は豊富なシリーズを誇る

コンチャ・イ・トロ社

チリ最大のワイナリーで、もっとも有名な生産者。廉価なものから、最高級品まで充実のラインナップを誇る。下に主なシリーズを紹介する。

フロンテラ

赤はカベルネ・ソーヴィニヨン種&メルロ種、白はソーヴィニヨン・ブラン種&セミヨン種をブレンドしたフレッシュワイン。

カッシェロ・デル・ディアブロ

「悪魔の蔵」の異名をもつ。ぶどうの品種ごとにある。

盗み飲み防止のために、そのワイン蔵が悪魔の蔵だという伝説を創作したことからついたネーミング。ラベルにも悪魔の絵がついている。

サンライズ

メルロ種やシャルドネ種など、ぶどうの品種ごとに造られている。

手ごろでおいしく、毎日飲みたくなるテーブルワインのお手本のようなワインだ。アンデスに昇る太陽がトレードマーク。

ほかにも、単一の畑からとれたぶどうだけで造る「マルケス・デ・カーサ」、土壌や風土も考慮した「テルーニョ」、エル・トリアングルという畑で出来のいいぶどうがとれた年にだけ造る「アメリア」、創業者の名前をつけた最上級ワインの「ドン・メルチョー」などがある。

CyT

自社畑から選び抜いたぶどうで造る上級ワイン。

ＣｙＴの名前はコンチャ・イ・トロ社の略称でもあり、気候、畑、技術の英単語の頭文字をあわせたものでもある。

黒ぶどう

カルメネール（Carmenère）

ボルドー由来の品種。いまはチリが主な産地。メルロ種に混じって栽培されていたためメルロ種と混同されていたが、近年、別品種だと認識されたという。深紅色のなめらかで渋みの少ない赤ワインになる。

チリや、オーストラリア、カリフォルニアなどのワイン産地は、大手ワイナリーが、廉価品から、中級品、高級品などいろいろなタイプのワインを造り分けていることが多い。

ジョイントベンチャーは網の目のように広がる

ジョイントベンチャーの成功例のひとつが、「アルマビーバ」という力強い赤ワイン。生産者はコンチャ・イ・トロ社と、フランスのシャトー・ムートン・ロートシルトのバロン・フィリップ。名前の由来はモーツアルトの『フィガロの結婚』に登場するアルマヴィーヴァ伯爵だという。

このワインとP117で紹介した「セーニャ」は「オーパス・ワン」（P63参照）につづく、オーパス・ツー、スリーといわれることもある、ジョイントベンチャーの象徴的なワインだ。

ヨーロッパ譲りの複雑な味わいのワイン

アンデス山脈をへだてたチリのお隣アルゼンチンのワインは、チリほど知名度はないが、生産量は世界第五位。

多く栽培されているのは、マルベックという品種で、フルーティで骨のあるしっかりとした味のワインができる。

アルゼンチンのワインは全体に、ヨーロッパ風の複雑な味わいがあり、上質のものが多い。低湿少雨の気候で病害が少なく、農薬をほとんど使わないというのも魅力だ。

チリ同様、この国のワイン造りも、ヨーロッパからの移住者によって始められた。一九世紀にスペインから独立すると、栽培醸造技術に力を入れて発展、さらにヨーロッパでのフィロキセラ（一〇八ページ参照）の害をきっかけにワイン関係者が次々に移住し、ワイン造りが本格化した。アンデス山脈からの雪どけ水を利用した灌漑《かんがい》により、乾燥地域でぶどう栽培ができるようになり、現在のような大量生産国に発展した。

国内消費が多かったこともあり、これまであまり知られていなかったが、輸出が増え、日本でも手に入れやすくなった。

各国で活躍するカリスマ醸造コンサルタント

ワイン業界がグローバルになった現在、各国を飛び回る醸造コンサルタントが注目を浴びている。ぶどうの栽培から醸造、熟成、瓶詰めまで、生産者に助言をし、サポートする人々だ。

著名なのがフランス人醸造家のミッシェル・ロラン氏。シャトー（ワイナリー）を所有する一方、フランス、アルゼンチン、カリフォルニアなど世界中でコンサルタントを行ない、高級ワインを次々と生み出している。ほかにも、カリフォルニアのハイジ・ピーターソン＝バレット氏、イタリアのジャコモ・タキス氏など多数あげられる。

南米ワインは将来が楽しみ

メンドーサ地域
Mendoza

アルゼンチンワインの総生産量のおよそ7割を占める産地。赤ワイン用にマルベック種などの栽培が盛ん。
醸造所のほとんどがメンドーサ地域にある。

代表的なワイン

○ アルタ・ヴィスタ・アルト
（ガム・オーディ社）

やわらかく上品でフルボディの赤ワイン。マルベック種を主体に、カベルネ・ソーヴィニヨン種をブレンド。醸造家ミッシェル・ロラン氏らが造る。

○ トラピチェ・イスカイ・メルロ&マルベック
（トラピチェ社）

メルロ種とマルベック種をブレンドした口あたりなめらかな赤ワイン。醸造コンサルタントのミッシェル・ロラン氏が手がけている。トラピチェ社は1883年創業。アルゼンチン一の輸出量を誇る。

○ ヤコチューヤ
（ボデガ・サンペドロ・デ・ヤコチューヤ社）

マルベック種のなかでも平均樹齢60年になる木から収穫されたぶどうで造られている赤ワイン。
ミッシェル・ロラン氏が醸造コンサルタントを務めている。

○ コルベック
（マアジ社）

凝縮した香りと深みのある味わいの赤ワイン。
イタリアでアマローネ（陰干しぶどうから造る辛口ワイン。P16参照）の生産者として著名なマアジ社が造る、アルゼンチン産のアマローネだ。

すごい種類がありますね
一日に何本くらいの試飲をされるんですか？
多いときは
一日一〇〇本以上
年間で二〇〇〇〇本
くらいやります

オーストラリアならではの

組み合わせのブレンドワインは人気が高い

島さんも
試して
いきますか

生産量、質ともに、

ますます期待されている、注目度大のワイン生産国

第5章

—安定した高品質を誇る—

オーストラリアワイン

ニュージーランドワイン

高品質で低価格 将来有望で人気が高い

温暖な気候のオーストラリアは、年による気候の変化が少なく、毎年安定したぶどうの栽培ができる、とても恵まれた環境だ。産地間のぶどうやワインのブレンドも行なわれ、ワインの質が安定しているといわれる。

また、オーストラリアのワインは、高品質低価格、しかも低農薬による安全食品のイメージが広まり、全世界から注目されている。独自のブレンドワインなども人気が高い。

この地で造られるワインは、かつて甘いデザートワインが多かったのだが、やがて辛口の高級ワインへと志向が変わってきた。その変遷には、移民の国としての歴史が深く影響している。

一八世紀にイギリスから第一次移民団がきて、ワイン造りが始まった。当初は、重厚なフランスワインタイプの生産をめざしていた。だが、人口の大部分を占めるイギリス系の人は食中に飲むより、食後に甘口のポートワインなどを飲むのを好んだため、酒精強化ワインの生産が主流になった。第二次大戦以降、イタリアなど多くの国から移民がくるようになると、今度は食中に飲む辛口ワインが浸透したのだ。

超高級ワインも登場

オーストラリアワインというと、価格がお手ごろなイメージがある。しかし近年、超破格の値段で取引されるワインもあらわれている。

1999年に行なわれたワインオークションで、1951年ヴィンテージの「ペンフォールド・グランジ」というワインが、日本円にして約203万円で落札。手数料など込みで最終的になんと約223万円になったという。

これは記録的な超高値。商業生産されなかった試験的なワインのため希少価値が高くなった面もあるが、超高級ワインの産地としてのオーストラリアを、世界の人が認識したできごとだった。

オーストラリアワインを楽しむポイント

そうです
オーストラリアはこれからますます見逃せない産地だと思います

ブレンドによる味の広がりを味わう

いろいろな組み合わせのブレンドを飲んでみよう

オーストラリアでは、産地間のブレンドが広く行なわれ、これが品質を安定させている。また、品種のブレンドにも独自の組み合わせがある。これは、ワイン造りが始まった当時、醸造の規制がなかったためだという。

アメリカ同様、品種名がラベルに表示されることが多い。好きな品種、組み合わせを選んで、オーストラリアならではのブレンドを楽しむといい。

たしかに安定した品質で生産量も伸びています
オリジナルのブレンドなど特色もありますね

オーストラリアのワイン業界は、1996年に2025年までの30ヵ年計画を打ち出している。総生産量、質、世界のワイン業界への影響力などを高める計画だ。

安定した温暖な気候の南部が生産の中心

オーストラリアは、日本の二一倍もの国土で、気候は場所によってまちまち。湿原や渓谷などの大自然が広がる北部は熱帯地域、内陸部は乾燥地帯、南に下ると温帯地域になる。ワイン産地は、ぶどう栽培に適した南部の沿岸部が中心だ。

一方、年による気候の変動は少なく、ぶどうのできにあたりはずれはあまりない。毎年、安定した品質のワインができるというわけだ。

最初にぶどう栽培が行なわれたのはシドニーだったが、夏に雨の多い多湿な気候のため栽培にあまり適しておらず、栽培地域は内陸へと移動し、一八二〇年代にニュー・サウス・ウェールズ州に最初の本格的なぶどう園ができた。その後タスマニア州でも栽培が広まり、南オーストラリア州でもドイツ移民によって栽培・醸造が行なわれるようになった。

現在、もっともぶどう生産量が多いのは、南オーストラリア州。国内生産量の約半分を占めている。次いでニュー・サウス・ウェールズ州やヴィクトリア州などがつづく。各地でそれぞれの気候にあった、さまざまなワインが造られている。

カンタス航空では、数種類のオーストラリアワインを機内に搭載しているという。

産地間のぶどうやワインをブレンドすることも

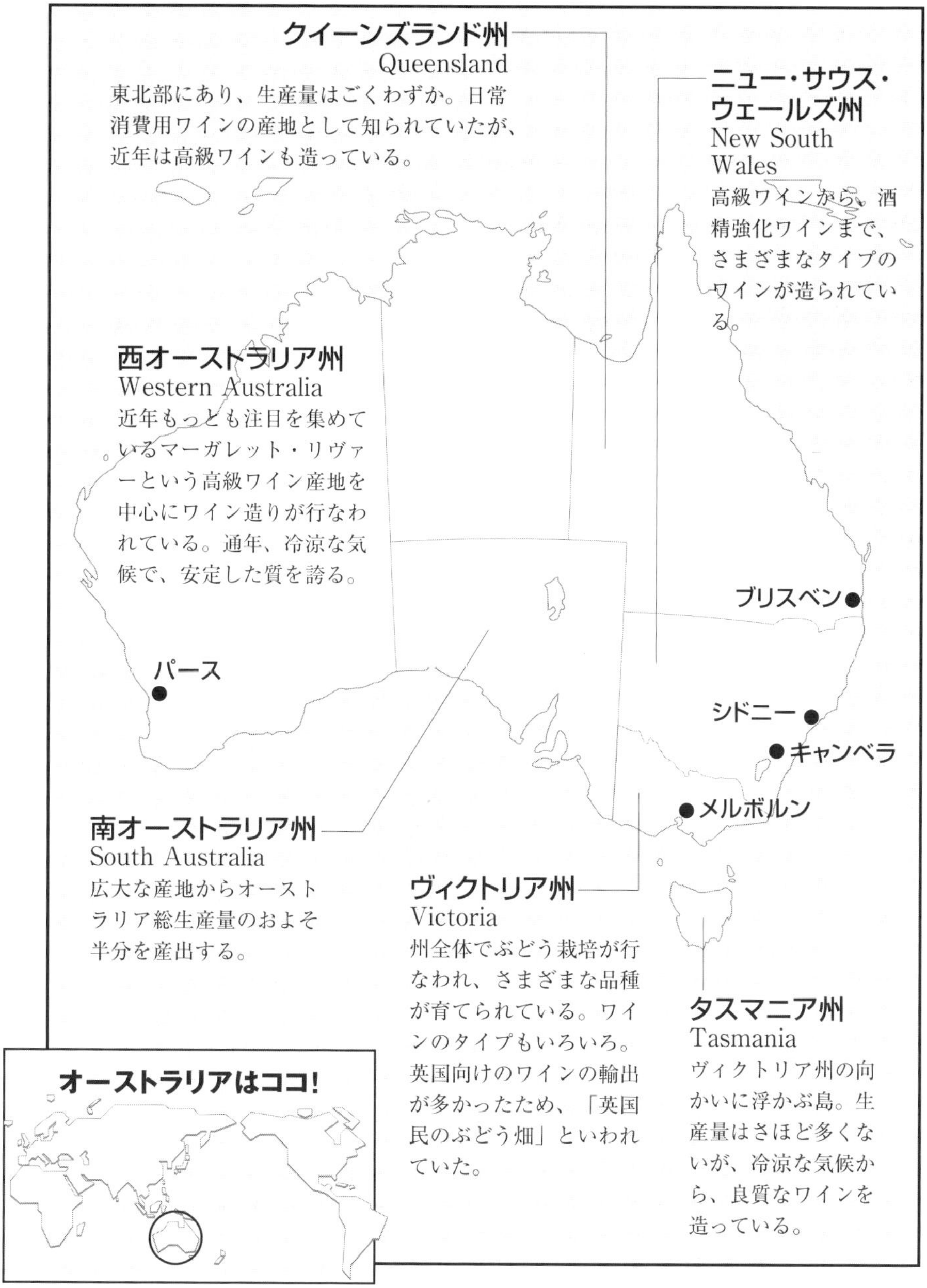
クイーンズランド州
Queensland
東北部にあり、生産量はごくわずか。日常消費用ワインの産地として知られていたが、近年は高級ワインも造っている。
ニュー・サウス・ウェールズ州
New South Wales
高級ワインから、酒精強化ワインまで、さまざまなタイプのワインが造られている。
西オーストラリア州
Western Australia
近年もっとも注目を集めているマーガレット・リヴァーという高級ワイン産地を中心にワイン造りが行なわれている。通年、冷涼な気候で、安定した質を誇る。
ブリスベン
パース
シドニー
キャンベラ
メルボルン
南オーストラリア州
South Australia
広大な産地からオーストラリア総生産量のおよそ半分を産出する。
ヴィクトリア州
Victoria
州全体でぶどう栽培が行なわれ、さまざまな品種が育てられている。ワインのタイプもいろいろ。英国向けのワインの輸出が多かったため、「英国民のぶどう畑」といわれていた。
タスマニア州
Tasmania
ヴィクトリア州の向かいに浮かぶ島。生産量はさほど多くないが、冷涼な気候から、良質なワインを造っている。
オーストラリアはココ!

ブレンドするぶどうの品種が分類のきめて

オーストラリアには、ヨーロッパ諸国にみられるような産地呼称制度、つまり産地による格付けはない。産地間のぶどうやワインをブレンドすることが多いので、産地にこだわる意味があまりないのだ。ブレンドするのは、ぶどうやワインを混合することで、つねに安定した質のワインを造ることができるからである。

オーストラリアのワインは、大きくはジェネリック・ワインとヴァラエタル・ワインに分けられる。ジェネリック・ワインは日常消費用のカジュアルなワインで、複数のぶどう品種をブレンドしていることが多い。ちなみにヨーロッパなどでは、日常用ワインをテーブルワインとよぶが、オーストラリアでは、食後に飲むデザートワインと区別して、食中に飲む辛口ワインをテーブルワインという。

ヴァラエタル・ワインとは、ラベルに品種名を記した、高級ワインをいう。複数の、とくに上質ぶどう品種をブレンドしたワインを、ヴァラエタル・ブレンド・ワインという。

特定の産地や畑のぶどうだけで造るこだわりのワインもある。

オーストラリアの国土は日本の二〇倍以上だそうです
うん 恵まれた土地を生かし、これから世界的にも供給を伸ばしてくるはずだ

ぶどう品種に注目しよう

ヴァラエタル・ワイン
Varietal Wine

ぶどうの品種名がラベルに表示されている高級ワイン。単一品種で造られており、品種の特性があらわれる。

ワイン法の規定をクリアしていれば、品種名、産地名、収穫年などをラベルに表示できる。

代表的なぶどう品種

黒ぶどう

シラーズ種、カベルネ・ソーヴィニヨン種、メルロ種、ピノ・ノワール種などヨーロッパ系の品種が主に使われている。とくに、シラーズ種の栽培が盛んで、シラーズ種だけで造るワインも多い。

白ぶどう

シャルドネ種、リースリング種、セミヨン種、ソーヴィニヨン・ブラン種などヨーロッパ系の品種を中心に栽培されている。

ヴァラエタル・ブレンド・ワイン
Varietal Blend Wine

ヴァラエタル・ワイン用の品種を何種類かブレンドしたワイン。バランスが整い、深みのある味わいがある。ヨーロッパの伝統的なブレンドのほかに、オーストラリアで人気の組み合わせのブレンドワインも。

ブレンドした割合の多い順に品種名をラベルに表示できる。

オーストラリアならではのブレンド

カベルネ・ソーヴィニヨン種&シラーズ種

どちらの品種も力強い赤ワインの原料。組み合わせることで、さらなる深みが生まれ、甘みと渋みのバランスがよくなり飲みやすい。

シャルドネ種&セミヨン種

さわやかな柑橘系の香りと、芳醇な甘い香りが混ざり、フルーティで厚みのある白ワインができる。

ジェネリック・ワイン
Generic Wine

日常消費用のワイン。原料の品種はいろいろ。赤、白、辛口などの表示がある。

主にオーストラリア国内消費向け。

ぶどうの品種をチェック ワインの味が推察できる

オーストラリアワインは、産地による格付けはないが、ラベルに産地名が記載されていることがある。これはその地域で収穫されたぶどうが八五パーセント以上使用されている場合だ。ただ産地間のぶどうやワインがブレンドされることが多いオーストラリアでは、産地はそれほど重要ではない。そこで、選ぶときの目安のひとつになるのが、ラベルに表記されたぶどう品種だ。

ヴァラエタル・ワインはぶどう品種を記載できる高級ワインだが、この記載法は法律によって規定されている。たとえば、ぶどう品種をひとつだけ記載する場合は、八五パーセント以上をその品種が占めていなくてはいけない。記載のきまりごとは左ページを参照してほしい。

カベルネ・ソーヴィニヨン種、ピノ・ノワール種、シャルドネ種などの品種が多いが、オーストラリアを代表する品種が、シラーズ種。もともとはフランスの品種だが、オーストラリアの環境によくあい、人々に愛されている。ただシラーズ種は、地方によってよび名が異なるので、ちょっと注意が必要だ（一三二ページ参照）。

ワイン持ち込み歓迎のレストラン

オーストラリアの手ごろなレストランには、ちょっと珍しいシステムがある。「BYO（Bring Your Own）」と表示されたレストランは、少額のチャージを払えばワインの持ち込みがＯＫなのだ。

ワインショップで好きなワインを手に入れてもっていけば、ワインの値段を気にせずに、料理を味わえるというわけ。複数本のワインを持ち込んだときは、冷蔵庫で保冷してくれるサービスもある。

酒類を取り扱う資格取得が難しかったため、資格のないレストランが持ち込みＯＫを始めたのだという。

表示方法はアメリカにならっている

ワイン名
生産者がつけた名前や、生産者の名前、品種名などがつけられることが多い。これは、生産者名（ウルフ・ブラス）＋品種名（シラーズ種＆カベルネ・ソーヴィニヨン種）＋シリーズ名（レッド・ラベル）。

ぶどう品種名
使用したぶどうの品種名。規定をクリアしていれば、2種類以上のぶどうをブレンドしていても、多い順に表示することができる（規定は下を参照）。
これは、シラーズ種とカベルネ・ソーヴィニヨン種がブレンドされた、ヴァラエタル・ブレンド・ワインになる。

収穫年
原料のぶどうが収穫された年。

原産国
オーストラリア

アルコール度数
13.5%

ラベル表示のきまり

ぶどう品種名の表示

単一の品種名	ひとつの品種が85%以上を占めている場合。
3種類までの品種名	85%以上が3品種で構成され、それぞれの品種が20%以上ブレンドされている場合。
5種類までの品種名	100%が表示した品種で構成され、それぞれの品種が5%以上ブレンドされている場合。

産地名の表示

ひとつの産地のぶどうが85%以上を占めている場合。

収穫年の表示

原料の85%以上がその年に収穫されている場合。

国内最大のワイン産地 高級ワインの生産地としても名高い

南オーストラリア州は、一八四〇年代からドイツ移民によるワイン造りが始まった、歴史ある地だ。

一九世紀まではヴィクトリア州のほうが生産量は多かったが、二〇世紀に入ってヴィクトリア州のぶどうがフィロキセラ（一〇八ページ参照）の害にあったことから、南オーストラリアが国内最大の生産地になったという経緯がある。

古くからのワイナリーが多く、ヨーロッパ原産の品種から、さまざまなワインが造られ、質の点でもピカイチだ。

とくに高級ワインの生産地として名高いのが、バロッサ・ヴァレー地方やクナワラ地方。バロッサ・ヴァレー地方は、この州最大の生産地で、かつては酒精強化ワインの生産が中心だったが、近年は多くの高級ワインを生み出し、オーストラリアワインのリーダー的立場をになっている。

クナワラ地方は、温暖な南オーストラリア州のなかでは冷涼な気候で、カベルネ・ソーヴィニヨン種とシラーズ種をブレンドした、フランスワインに似た重厚な味わいの赤ワインが高い評価を受けている。

黒ぶどう

シラーズ（Shiraz）

栽培地域は？
オーストラリア全域で栽培されている。シラーやハミルテージなどの別名がある。
フランスのローヌ地方などではシラーという名前で栽培されている。

どんな品種？
色の濃い黒ぶどうで、タンニンが豊富。ゆたかな香りもある。

どんなワインになる？
黒っぽい赤色で、堂々とした果実味や野性的な風味など、深みのある味わいのワイン。タンニンが豊かでアルコール度が高く、スパイシーさもある。しっかりした余韻も心地いい。

オーストラリアの赤ワインのふるさと

バロッサ・ヴァレー地方
Barossa Valley

南オーストラリアのなかでも抜群の知名度を誇る産地。酒精強化ワインの産地として有名だったが、濃厚な赤ワインや、口あたりのいい白ワインも注目されている。

クレア・ヴァレー地方
Clare Valley

温暖な気候で、やわらかくコクのある赤、白ワインが造られている産地。

クナワラ地方
Coonawarra

フランスのボルドーに似た産地のせいか、ボルドータイプの赤ワインが造られている。

代表的なワイン

○ アストラリス
（クラーレンドン・ヒルズ社）

単一畑の古樹から収穫されたシラーズ種だけで造られている高級赤ワイン。長期熟成タイプの濃厚でリッチな味わい。
生産量が少ないため、希少価値も高い。ロマンチックな星のラベルが目印。

○ ヒル・オブ・グレイス
（ヘンチキ社）

パワフルな味わいで、かつ洗練された風味をともなう、シラーズ種で造るワインの最高峰のひとつ。手摘みした、樹齢130年のシラーズ種100%で造られる赤ワイン。ワイナリーの向かいにある教会の名前から“神の恵みの丘”という名がついた。

○ ペンフォールド・グランジ
（ペンフォールド社）

シラーズ種を主体に、カベルネ・ソーヴィニヨン種をブレンドした長期熟成タイプの赤ワイン。各地にぶどう畑をもつオーストラリアを代表するワイナリー、ペンフォールド社の最高級品。

○ ウルフ・ブラス・ブラック・ラベル
（ウルフ・ブラス社）

カベルネ・ソーヴィニヨン種やシラーズ種をブレンドした赤ワイン。
ブラス社はワシのマークで有名。黒いラベルのブラック・ラベルは、同社の代表ブランド。デイリーワインの「イーグルホーク」や、高級品の「グレーラベル」「プラチナラベル」などのシリーズがある。

○ ジェイコブズ・クリーク・リザーブ・シラーズ
（オーランド・ウィンダム社）

シラーズ種から造られるバランスのいい赤ワイン。
ジェイコブズ・クリークとは品種ごとのワインがあるシリーズ。世界的に著名な銘柄。

オーストラリアワイン発祥の地 いろいろなタイプのワインができる

国際都市シドニーを州都とするニュー・サウス・ウェールズ州は、最初の移民入植地であり、オーストラリアワイン発祥の地といえる。一八世紀末、気候的にぶどう栽培には適さないシドニーから、近郊のバラマッタ川沿いに移動したイギリス移民が、小規模なぶどう園をつくった。これがオーストラリアワインの始まりである。

主要な産地は、ローワー・ハンター・ヴァレー地区とアッパー・ハンター・ヴァレー地区をあわせた、ハンター・ヴァレー地方。赤ワインや白ワイン、シェリー、ポートワインタイプなど、さまざまな種類が造られている。

ローワー地区はオーストラリアでもっとも古い生産地で、主にセミヨン種とシラーズ種が栽培され、アッパー地区は、比較的新しい生産地で主にシャルドネ種とセミヨン種が栽培されている。

気温も湿度も高いこの州は、ぶどう栽培に最適とまではいえないが、シドニーのワイン需要に支えられて発展してきた。とくに一九八〇年代から急激に発展、現在はオーストラリア第二位の生産量を誇っている。

白ぶどう

セミヨン（Sémillon）

栽培地域は?
フランスのボルドー地方や、オーストラリアのハンター・ヴァレー地方などで栽培されている。

どんな品種?
比較的ぶどうの皮が薄いため、菌がつきやすく貴腐化しやすい（貴腐ぶどうになると、極甘口の貴腐ワインの原料になる。P144参照）。

どんなワインになる?
黄色や金色で、芳醇な味わい。蜜のような香りの甘口にも、辛口にもなる。ソーヴィニヨン・ブラン種とブレンドされることが多い。

オーストラリア第2の生産量を誇る

ハンター・ヴァレー地方
Hunter Valley

オーストラリア最古のワイン生産地。セミヨン種やシャルドネ種など、ヨーロッパ系ぶどうの栽培が盛ん。

代表的なワイン

○ ローズマウント・ロクスバラー・シャルドネ
（ローズマウント・エステート社）

果物や蜜の香りや香ばしさが漂うリッチな白ワイン。ハンター・ヴァレー地方にあるロクスバラー畑のシャルドネ種で造る。ローズマウント社はアメリカ、イギリスをはじめ海外への輸出が多い。同社が造る品種ごとのワインは、手ごろな価格。ひし形のラベルが目印だ。

○ キララ・シャルドネ
（ローズマウント・エステート社&ロバート・モンダヴィ社）

豊富な果実味がある辛口の白ワイン。ローズマウント・エステート社とカリフォルニアのモンダヴィ社が共同で造っている。酒名の「キララ」は、オーストラリアの原住民アボリジニの言葉で星を意味する。
ラベルには、南半球の空にみえる星座・飛魚《とびうお》座をあらわす「フライング・フィッシュ」が描かれている。

〝英国民のぶどう畑〟から世界のぶどう畑へ

オーストラリアのワイナリーは大規模なものから小規模なものまでさまざまあるが、ヴィクトリア州には小規模なワイナリーが多く集まっている。

以前はシェリーやポートワインタイプのものなど、酒精強化ワインの産地だったが、現在は良質な赤、白ワインも多数造られている。

かつての首都メルボルン（現在の首都はキャンベラ）を擁するこの州は、一八六〇年代には、「英国民のぶどう畑」として知られていたという。当時は政府の支援もあってメルボルン周辺でワイン産業が急成長し、イギリスへの輸出が国内最大だったからだ。

輸出だけでなく生産も国内最大だったが、二〇世紀初頭にフィロキセラ（一〇八ページ参照）の害でぶどうの木が壊滅する事態が起き、国内最大の座は南オーストラリア州に譲り渡してしまった。

しかしこの州はもともと、オーストラリアには珍しく、州全体がぶどう栽培に適していることもあり、現在も重要なワイン生産地になっている。

白ぶどう

シャルドネ（Chardonnay）

栽培地域は?

フランスのブルゴーニュの代表品種。オーストラリア、ニュージーランド、カリフォルニア、チリをはじめ、世界中で栽培されている。

どんな品種?

栽培しやすく、味のバランスのいい魅力的なぶどう。

どんなワインになる?

さわやかな辛口ワインのほか、クリーミーでふくよかなもの、複雑なものなどいろいろ。切れ味鋭いシャンパンにもなる。オーストラリアではトロピカル・フルーツのような甘い香りの強いものが多い。

州全体でぶどうが育つ

モーニングトン・ペニンシュラ地方 Mornington Peninsula	観光地化しているワイン産地。風通りのいい冷涼な気候で、ピノ・ノワール種やシャルドネ種を栽培。軽快なワインが多い。
ヤラ・ヴァレー地方 Yarra Valley	オーストラリアのなかでも最高品質のワインを産出する。赤はピノ・ノワール種やシラーズ種の栽培が中心。
ゴールバーン・ヴァレー地方 Goulburn Valley	川沿いに広がる産地。シャルドネ種やシラーズ種などから、しっかりコクのある赤、白ワインを産出する。
グランピアンズ地方 Grampians	シラーズ種やカベルネ・ソーヴィニヨン種の栽培が盛んで、長期熟成タイプの赤ワインが造られる。
ジロング地方 Geelong	海洋性の気候で、シャルドネ種やピノ・ノワール種の栽培に適している。

代表的なワイン

○ **イェリング・ステーション・ヤラ・ヴァレー・シャルドネ**
（イェリング・ステーション社）

メロンや桃のような甘美で芳醇な香りが漂う。ヤラ・ヴァレー地方でとれたシャルドネ種で造る白ワイン。イェリング・ステーション社はヴィクトリア州でもっとも歴史がある生産者のひとつ。

オーストラリアのシャルドネ？
そう 白桃のように甘くてやわらかい芳醇な果実味が広がるんだ
うまいよ

ソーヴィニヨン・ブラン種、シャルドネ種から はつらつとした白ワインが誕生

ニュージーランドのワインでとくに秀逸なのは、白ワイン。この国の主要品種であるソーヴィニヨン・ブラン種やシャルドネ種などから造られる白ワインは、豊かな果実味にあふれたはつらつとした味わいがあり、国内外から高い評価を得ている。やはり果実味たっぷりのスパークリング・ワインも、この国が誇るものだ。

ニュージーランドは、南半球のなかでは比較的冷涼な気候で、〝一日のなかに四季がある〟といわれるほど、昼夜の気温差が大きい。そのためぶどうは酸味を失わず、バランスのよいフレッシュな果実味のワインができる。

この国のワイン造りは、一九世紀初頭、オーストラリアから派遣された神父がぶどうの木を持ち込んだことから始まったという。

産地として有名なのは、一七六九年にクック船長が初上陸したギズボーン地区。主要栽培品種はシャルドネ種で〝ニュージーランドのシャルドネの首都〟とよばれる。良質のソーヴィニヨン・ブラン種を収穫するマールボロ地区は、スパークリング・ワインや白ワインで名高い産地だ。

白ぶどう

ソーヴィニヨン・ブラン（Sauvignon Blanc）

栽培地域は?
フランスのロワール地方やボルドー地方を中心に、ニュージーランドやオーストラリア、カリフォルニアやチリなど、各国で栽培されている。

どんな品種?
比較的、暖かい地域での栽培に適しているぶどう。

どんなワインになる?
青々とした植物系のさわやかな香りやスパイシーな香りがある。
ほどよい酸味がありフルーティで、辛口から甘口までできるが、栽培地域によってできるワインのタイプは多少異なる。

いま注目のワイン産地ばかり

ギズボーン地区
Gisborne
なだらかな傾斜の渓谷にある産地。しっかりした白ワインの生産が盛ん。ソーヴィニヨン・ブラン種も栽培されるが、シャルドネ種の栽培がもっとも多い。

マールボロ地区
Marlborough
20世紀後半にぶどうが植えられはじめた注目の産地。ソーヴィニヨン・ブラン種などの白ワインや、スパークリング・ワインなどを産出する。

ホークス・ベイ地区
Hawke's Bay
肥沃な土壌で、歴史のあるワイン産地。メルロ種とカベルネ・ソーヴィニヨン種をブレンドしたボルドータイプの赤ワインや、シャルドネ種、ソーヴィニヨン・ブラン種などの白ワインを造る。

オタゴ地区
Otago
ピノ・ノワール種やシャルドネ種、リースリング種などを栽培している。

プロヴィダンス
（プロヴィダンス・ヴィンヤード社）

メルロ種を主体にブレンドした、上品でバランスのいい赤ワイン。天然酵母使用、温度管理を行なわずに発酵、酸化防止剤不使用など、自然にまかせた方法で造られる。
愛好家に人気が高い。生産量は少ない。

乾杯!

ドイツといえば
ビールで乾杯かと
思ったけど……

ドイツワインこそ
おすすめなの
甘口白ワイン以外にも
いろいろあるのよ

白ワイン、赤ワイン

発泡性ワイン……

甘口から辛口まで

いろいろな味わいがある

フルーティで香り高く、
心地よい飲み口の白ワインが生まれる

第6章

—ほのかな甘みでやさしい口あたり—

ドイツワイン

オーストリアワイン
ハンガリーワイン

フレッシュ&フルーティな飲みやすさが魅力

ドイツは、ぶどう栽培面積でいえば世界の一パーセントに満たないのだが、生産地やぶどう品種によってさまざまな風味のワインが造られている。

これらのワインは、昔も今も世界中の人に愛されている。その理由は、酸味と甘味がじつにバランスよくハーモニーをかなでた、フレッシュでフルーティな風味にある。

ドイツで造られるワインの約七割は、白ワイン。かつてドイツといえば、甘口の白ワインのイメージが強かったが、最近では辛口の白ワインが約半分を占めている。

またドイツは、気候的に赤ワインの原料になるぶどう品種の生育には適さない地のため、これまでは生産量が少なかったが、近年では豊かな風味の良質な赤ワインの生産が急成長している。

ドイツワインに共通していえることなのだが、全体にアルコール分が低めで、飲みやすい。アルコールに弱い女性も安心して楽しめるのも特徴のひとつだ。

皇帝たちも味わった

ドイツのワイン造りは、古代ローマ人がこの地に進出したことにはじまったが、その後の隆盛は、ワインを愛した皇帝たちの支援の賜物といえるだろう。3世紀には、ローマ皇帝プロブスがぶどう栽培や、ワインの醸造を奨励し、ライン川流域一帯にぶどう畑を拡大した。

5～8世紀には、ゲルマン民族の大移動とともにぶどう畑が荒廃し、ワインの暗黒時代がつづいた。これを再建したのが、フランク王国カール大帝。畑を立て直し、教会や修道院にワイン造りを伝えて普及をはかった。ワイン造りは発展、ワインの質も向上したのである。

ドイツワインを楽しむポイント

すっきりした甘さも
やさしい甘さも、辛口も
豊富な味わいがあるのが
ドイツワインの
素敵なところね

いろいろな甘さのワインを味わう

コクのある極甘口タイプは最後の締めに飲むといい

ドイツワインといえば甘口の白ワイン。辛口の場合は表示があり、甘辛表示のないものは甘口ワインが多い。とくに上級ワインは、詳細な糖度の表示があるため、好みにあわせて選ぶことができる。いろいろな甘さの白ワインを知るにはドイツワインが最適。

ぶどうの
収穫の仕方と
品種の違いが
甘い味わいの
きめてなのよ

いつ、どのように収穫するかと、品種の違いが、ぶどうの味をきめる重要な要因。リースリング種やミュラー・トゥルガウ種など多くのぶどうがあるので、品種名も要チェックだ。

北の大地のミネラルを吸いあげたアロマティックなぶどうが育つ

北緯四七～五二度にあるドイツは、ぶどう栽培ができる北限であり、世界のなかでも、もっとも北にあるワイン生産地のひとつだ。

古代ローマ時代からワイン造りが行なわれており、長い間の人間の努力が実を結んでいることもあるが、ドイツの風土が世界に名高い良質ワインを生み出しているのだ。

たとえば、大西洋のメキシコ暖流がドイツまで北上しているため、平均気温は九度以下にはならない。この気温以下だと、ぶどうの生育はできない。またドイツでは、ライン川などの川に沿ってぶどう畑がつくられており、秋には、川から立ち上る霧が、畑のぶどうを寒さから守っているのだ。

さらに日照時間が少ないため、ぶどうが熟す時間が、通常より一ヵ月ほど長くなる。その分、大地から吸いあげるミネラルの量も多くなるし、ゆっくりと熟すと、ぶどうの実に残る酸も多くなる。

このようなことから、豊かな酸味と香りをもつ、ドイツならではの美味なワインができるのだ。

甘いワインはぶどうに秘密がある

晴天のつづいた夏が過ぎ、収穫までの秋の間は、朝だけ川面にもやが立ち上る。ライン川などドイツの川沿いにみられるこのような気候、適度な湿度は、ボトリティス・シネレアという貴腐菌が発生する絶好の気候だ。

この菌がぶどうにつくと、果汁の水分が蒸発し、非常に糖度の高い貴腐ぶどうになる。世界的に有名なドイツの極甘口の白ワイン「トロッケンベーレンアウスレーゼ」は、このぶどうから造る貴腐ワイン。甘美な甘さは、ぶどうと菌が織り成す自然の賜物なのだ。

主な産地は南西に集まっている

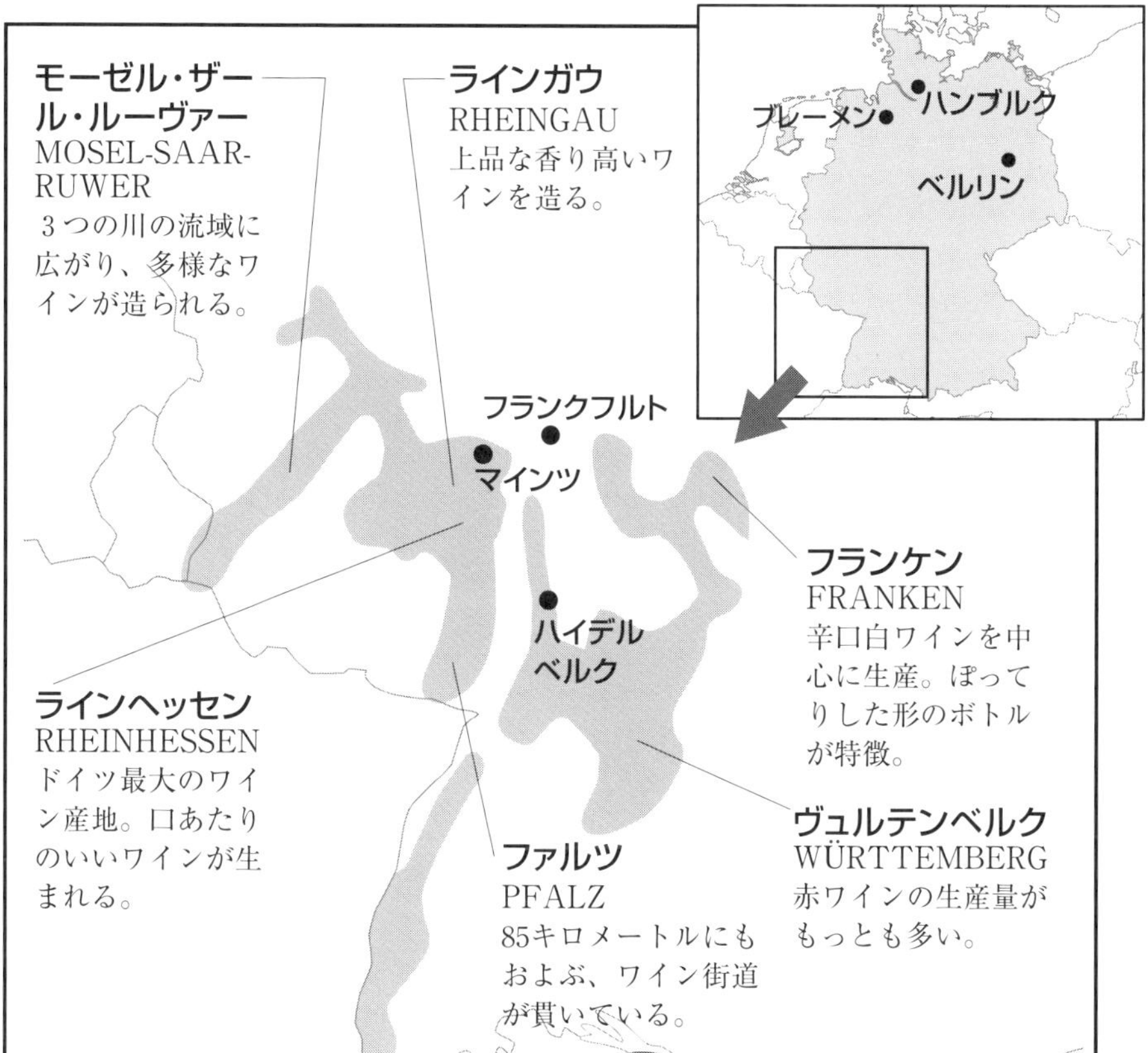

モーゼル・ザール・ルーヴァー
MOSEL-SAAR-RUWER
３つの川の流域に広がり、多様なワインが造られる。
ラインガウ
RHEINGAU
上品な香り高いワインを造る。
ハンブルク
ブレーメン
ベルリン
フランクフルト
マインツ
ハイデルベルク
フランケン
FRANKEN
辛口白ワインを中心に生産。ぽってりした形のボトルが特徴。
ラインヘッセン
RHEINHESSEN
ドイツ最大のワイン産地。口あたりのいいワインが生まれる。
ファルツ
PFALZ
85キロメートルにもおよぶ、ワイン街道が貫いている。
ヴュルテンベルク
WÜRTTEMBERG
赤ワインの生産量がもっとも多い。

上の産地に、アールAHR、ヘッシッシェ・ベルクシュトラーセHESSISCHE BERG-STRASSE、ミッテルラインMITTELRHEIN、ナーエNAHE、バーデンBADEN、ザーレ・ウンストルートSAALE-UNSTRUT、ザクセンSACHSENを足した13地域が主な栽培地域。

ボトルの色にも情報がある

ドイツワインのボトルの形は、すらっと細長いなで肩のものが一般的。さらにボトルの色で産地がわかる。ラインガウ、ラインヘッセン、ファルツなどライン地方のワインは茶色、モーゼル地方のワインは緑色のボトルが多い。

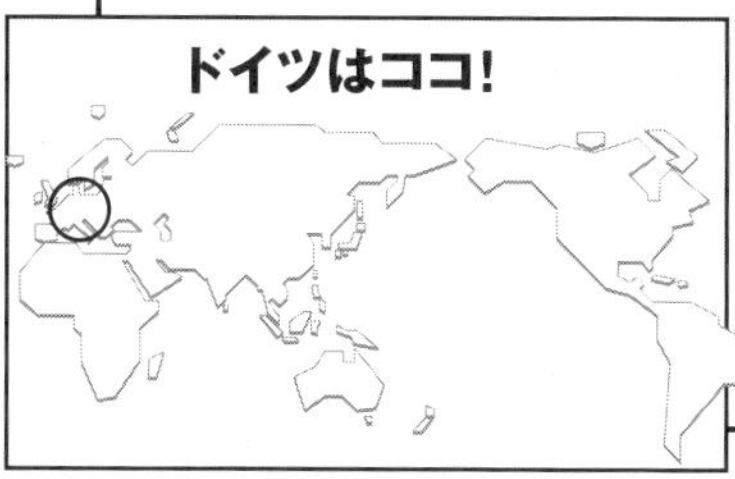

ドイツはココ!

ぶどうの糖度が高いほど格付けも高い

ドイツにもぶどう畑の区分けがあり、ほかのＥＵ諸国と同様、指定地域優良ワイン（上級ワイン）と、日常消費用ワインに分けている。しかしドイツでユニークなのは、格付けには、畑というよりぶどうの糖度が重視されていることだ。

フランスでは、一般にぶどうの収穫時に一気に全部を穫ってしまうが、ドイツでは同じぶどう園のぶどうも何回かに分けて収穫し、収穫したぶどうごとに発酵させ、できたワインも別々に瓶詰めされる。

早期に摘んだぶどうはあまり糖度が高くなく、収穫が遅くなればなるほど糖度が高くなるため、それぞれ味わいの異なるワインができるというわけ。

上級ワインのうちでも肩書き付上級ワインは、もっともぶどうの糖度が高く、左ページのように糖度によって六階級に分けられている。

また上級ワインは、公認検査機関による三段階の品質検査があり（下のコラム参照）、これに合格すると公的検査合格番号がもらえる。この番号をラベルに表示することになっている。

専門家の味見が最終チェック

A.P.Nr. 3 419 012 007 99

下二桁が検査をした年号。ほかの数字は瓶詰め番号などをあらわしている。

ドイツの上級ワインQbAとQmPには、A.P.Nr.（アーペーヌンマー）という公的検査合格番号が与えられる。

収穫時のぶどう検査、ワインの成分検査、訓練された専門家によるテイスティングという3段階の検査に合格したワインだけが上級ワインとして認められる。

最上級ワインには肩書きがつく

指定地域優良ワイン

Q.m.P.
Qualitätswein mit Prädikat
クヴァリテーツヴァイン・ミット・プレディカート

最上級格付けのワイン。厳しい条件や検査をクリアしたもので、とくに収穫時のぶどうの糖度が高いワイン。糖度にあわせて下の6つの肩書きがつく。

糖度により6段階に分類
（分類の基準となる糖度は産地や品種によって異なる）

最上級ワイン

糖度が高い

トロッケンベーレンアウスレーゼ Trockenbeerenauslese	貴腐ぶどうや乾燥、過熟したぶどうで造られる。極甘口のワイン。
ベーレンアウスレーゼ Beerenauslese	貴腐ぶどうや、過熟したぶどうで造られる。甘口のデザートワイン。
アイスヴァイン Eiswein	凍結したぶどうで造られる。凝縮した甘みのデザートワイン。
アウスレーゼ Auslese	十分に熟したぶどうで造られる。香り高く上品。甘口とはかぎらない。
シュペートレーゼ Spätlese	収穫時期が通常より遅いぶどうで造られる。甘口とはかぎらない。
カビネット Kabinett	通常どおり収穫されたぶどうで造られる。軽やかで繊細な味わい。

糖度が低い

Q.b.A.
Qualitätswein bestimmter Anbaugebiete
クヴァリテーツヴァイン・ベシュティムター・アンバウゲビーテ

上級ワイン

特定の13の地域で造られ、厳しい検査をクリアした上級ワイン。もっとも生産量が多い。各地域の特徴が、はっきり出ている。

日常消費用ワイン

Deutscher Landwein
ドイチャー・ラントヴァイン

地酒

テーブルワインのなかでも、産地の特徴や、品種の特徴があらわれているワイン。

Deutscher Tafelwein
ドイチャー・ターフェルヴァイン

テーブルワイン

ドイツ国内で収穫されたぶどうで造られているワイン。
原料ぶどうの産地がひとつの地域の場合は、産地の表示ができる。品種名や収穫年なども一定の条件をクリアしていれば、表示可能。

ラベルをみれば辛口か甘口か極甘口か、わかる

上級ワインには、ラベルに公的検査合格番号が記載されているので、一目瞭然だ。肩書付高級ワインの糖度分類は、「○○カビネット」「○○アウスレーゼ」というように、ワイン名のあとに分類名がついているので、糖度による格付けもじつにわかりやすい。

一部の格付けワイン以外は、果汁の一部を発酵させずに保存したものを加えて甘味を調整する、ズースレゼルヴェという方法が許されている。これらの方法で甘さの異なるワインができるが、ほとんどのワインは、記載があるとすれば、「トロッケン（辛口）」や「ハルプトロッケン（やや辛口）」と表示してある。甘口は、ドイツ語でリープリッヒ（甘口）、ズース（極甘口）というが、こちらは表示されないことが多い。甘口が好きな人は、トロッケンなどと記載されていないものを選べばいい。

なお二〇〇〇年からは、辛口ワインに、さらに「クラシック」と「セレクション」という品質等級が導入されている（一六三ページ参照）。クラシックは、アロマ豊かなバランスのとれた辛口ワイン、セレクションは、単一畑のぶどうから造られる上級辛口ワインだ。

簡単ワイン用語講座　～ドイツ語～

単　語	読　み	日本語訳
● Rotwein	ロートヴァイン	赤ワイン
● Weisswein	ヴァイスヴァイン	白ワイン
● Roséwein	ロゼヴァイン	ロゼワイン
● Jahrgang	ヤールガンク	収穫年
● Keller	ケラー	熟成庫
● Erzeugerabfüllung	エルツォイガーアプフュルンク	ぶどう園元詰め
● Schaumwein	シャウムヴァイン	発泡性ワイン

几帳面な記載は情報盛りだくさん

ワイン名
もっとも目立つ大きい文字がワイン名であることが多い。ドイツの指定地域優良ワイン（QbA、QmP）は村名＋畑名がワイン名になることが多い。このラベルのワイン名は、「シュロス・フォルラーツ」。ぶどうが栽培された畑の名前で、フォルラーツ城を意味する言葉だ。

生産者名
ワインの造り手の名前。このラベルは、醸造元の名前もワイン名と同じシュロス・フォルラーツのため、ひとつで両方をあらわしている。

収穫年
ぶどうが収穫された年。

肩書き
QmPワイン（最上級ワイン）につけられる肩書き。ぶどうの糖度やアルコール度数で、6段階に分かれ、ワインの味の参考にもなる（詳細はP147参照）。

このワインは、カビネットである。

産地名
このワインは、ラインガウ地域で造られている。

格付け
ドイツのワイン法で規定されている格付けの表示。
これは最高ランクのQmP。

ぶどう品種名
原料のぶどうの品種名が表示されている。このワインは、リースリング種で造られている。

公的検査合格番号
公的検査をクリアした指定地域優良ワインにつく番号（詳細はP146参照）。

アルコール度数

容量

朝霧に包まれるライン川沿い エレガントな白ワインが生まれる

ラインガウは、東西に流れるライン川に沿って、四〇キロほどつづく、高級ワインの中心的生産地だ。

ぶどう畑はライン川の北側斜面に広がり、南からあたる太陽をうけるとともに、川面からの反射熱が加わるため、ぶどうが十分に成熟する環境にある。ライン川の川面からは秋になると霧がたちのぼり、これが貴腐菌を発生させるので、貴腐ぶどうも造られている。

ラインガウの生産量はドイツ全体の三パーセント以下にすぎないが、有名な醸造所が集中しており、州立の醸造所もある。州立醸造所は、かつてこの地でぶどう畑を開墾したエーバーバッハ修道院の跡地に建てられている。この修道院では、とくに品質のよいワインを貯蔵するセラーをカビネットと呼んでいた。これが、現在使われているカビネットという等級名称のはじまりなのだという。

栽培品種は、リースリング種が中心で、エレガントさと力強さを兼ね備えた、果実味あふれる白ワインが造られている。わずかながら、赤ワインも生産されている。

白ぶどう

リースリング（Riesling）

栽培地域は？

ドイツ、フランスのアルザス地方、オーストラリア、カリフォルニア、南アフリカなどで栽培されている。

どんな品種？

寒さに強いぶどう。ホワイトリースリング、ヨハニスベルクリースリングも、同じ品種。

どんなワインになる？

花や果物の香りがあり、甘みと酸味のバランスがとれたワイン。上品でフルーティな味わい。甘口にも辛口にもなり、産地によって酸味や風味などが異なる。

古くから優秀なワイン産地として有名

ヨハニスベルク地区
Johannisberg

リースリング種などから、繊細でしっかりした高級白ワインが造られている。
リューデスハイム村、ヨハニスベルク村、ハッテンハイム村、エアバッハ村、キードリッヒ村、ホーホハイム村などの銘醸地がひしめいている。上級ワインの名前は、村名＋畑名がほとんどだ。ひとつの畑に複数の生産者がいるため、同じ名前のワインでも造り手によって違いが出る。

代表的なワイン

シュロス・ヨハニスベルガー
Schloss Johannisberger

エレガントな白ワイン
ヨハニスベルク城を意味する名の畑のぶどうから造られる白ワイン。澄んだ色合いで、すっきりした上品な味わい。
造り手は800年の伝統を誇るメッテルニヒ侯爵家が有名。

シュタインベルガー
Steinberger

フレッシュなしっかり者
ハッテンハイム村のシュタインベルガー（石の山の意）という畑でとれたぶどうから造られるしっかりしたフレッシュな白ワイン。いろいろな糖度のものがある。
1135年から修道院で造られていた伝統あるワイン。現在の造り手はヘッセン州立クロスター・エーバーバッハ醸造所が著名だ。

エアバッハー・マルコブルン
Erbach Marcobrunn

マルコの泉で生まれるワイン
エアバッハ村のマルコブルン（マルコの泉の意）という畑でとれたぶどうから造られる。生産者によるが、全体的にすっきりした味わいで香り豊かな白ワイン。甘さはいろいろある。生産者は、8世紀からの歴史をもつ名門醸造所のシュロス・ラインハルツハウゼン社や、ジメルン男爵家などをはじめ、複数いる。

畑名の意味がわかると覚えやすい

ホーホハイマー・ドームデヒャナイ
Hochheimer Domdechaney

高貴な名前にぴったりの味わい
ホーホハイム村のドームデヒャナイ（大聖堂僧職の意）畑が産地の白ワイン。きめ細かな口あたりでエレガントな味わい。糖度はいろいろ。造り手は、著名な司祭の家系で、18世紀からつづく名門醸造所のドームデヒャント・ヴェルナー家や、エーバーバッハ醸造所など複数。

「うさぎとび」なんていう畑の名前がついたワインもあるの
かわいらしいでしょう

ヴィンケル村の「ハーゼンシュブルンク（うさぎとび）」、ハッテンハイム村の「ヴィッセルブルンネン（知の泉）」、アスマンズハウゼン村の「ヘレンベルク（地獄山）」ハルガルテン村の「ユングファー（処女）」、ホーホハイム村の「ヘレ（地獄）」などユニークな名前の畑がいろいろある。

カルタ・ヴァイン
ラインガウ地方の生産者が、昔ながらのリースリング種100%のワインを生産するためにつくった協会。造られるのは、中辛口で、食事と一緒に楽しめるクラシックな味わいの白ワインだ。

カルタ・ヴァイン協会に認定されたものにはボトルネックなどに左のアーチ型のマークがついている。

ドイツの発泡性ワイン“ゼクト”

ドイチャー・ゼクトb.A. Deutscher Sekt b.A.	ドイツ国内の指定栽培地域で収穫されたぶどうから造る発泡性ワイン。
ドイチャー・ゼクト Deutscher Sekt	ドイツ国内で収穫されたぶどうから造る発泡性ワイン。
ゼクト Sekt	ＥＵ加盟国内で収穫されたぶどうから造る発泡性ワイン。
シャウムヴァイン Shaumwein	製法やぶどうの品種に対する規制がゆるやかな発泡性ワイン。

弱発泡性のものはパールヴァインという

代表的な発泡性ワイン

○ ホーホハイマー・リースリング（ドームデヒャント・ヴェルナー家）

辛口のゼクトb.A.で、ラインガウのホーホハイム村産。

○ クロスター・エーバーバッハ（ヘッセン州立クロスター・エーバーバッハ醸造所）

辛口のゼクトb.A.。醸造所は「シュタインベルガー」(P151参照)の造り手として有名。

軽くて飲みやすいドイツの新酒

ワインの新酒といえば、フランスのヌーボーがつとに有名だが、新酒はこれだけではない。ドイツにもフレッシュな新酒がちゃんとある。それがデア・ノイエだ。デア・ノイエは、収穫年の11月１日以降、翌年の１月15日までに市場に出すことが許されている。

ドイツ白ワインのなかでも果実味豊かなデア・ノイエは、魚介類のオードブルにぴったり。晩秋から冬にかけての日本は、ちょうど魚介類がおいしくなる時期だ。海の恵みと大地の恵みのマッチングを、たっぷりと味わってみてはいかが？

三つの川の流域で造られる白ワイン
繊細ですっきりした味わい

モーゼル川、ザール川、ルーヴァー川の三つの流域で造られているワインのことを総称して、モーゼルワインとよんでいる。この地域は、ラインガウ地方と並ぶ銘醸地だ。

世界中でもっとも急斜面にぶどう畑があるといわれ、とくにモーゼル川の流域には、七〇度という、切り立った崖のような場所にぶどう畑がつくられている。造られるワインのほとんどが、白ワインだ。

それぞれの畑によって多少風味は異なるが、土壌に含まれるミネラルが豊富なため、さわやかな酸味と甘味のあるフルーティな風味がかもしだされている点では共通している。

中心となる産地は、モーゼル川流域のベルンカステル地区。急斜面の畑に、主にリースリング種が栽培され、果実味にあふれた美味な高級ワインが造られている。

そのお隣のツェル地区では、日本でも有名なシュヴァルツェ・カッツ(黒猫)という白ワインが造られている。ラベルに描かれた黒猫の絵は、製造元によってさまざまなので、みているだけでも楽しい。

ぬくもりあるワインで身も心も温まる

寒さが身にしみる時期、とくにクリスマスシーズンなら、「グリューワイン」を試してみたい。香辛料がたっぷり入ったホットワインだ。ドイツの人にとって、厳しい冬の風物詩で、クリスマスには欠かせない飲み物。屋台で買って立ち飲みするのがドイツ流だ。

日本でいえば甘酒や熱燗のようなもの。フーフーいいながら飲めば、凍えた体も温かくなる。日本でもクリスマスらしい華やかな絵柄のボトル入りが売られている。市販の素材セットもあるので、飲み残しのワインで自家製をつくってみるのも楽しい。

黒猫ラベルいろいろ

ツェル／モーゼル地区
Zell／Mosel

リースリング種の栽培が主体で、豊かな香りの手ごろな白ワインが多い。

ワインごとに個性豊かな黒猫がラベルに描かれている。

ツェラー・シュヴァルツェ・カッツ
Zeller Schwarze Katz

みるだけでも楽しい黒猫ワイン
黒猫という意味があるシュヴァルツェ・カッツ。ツェラー村などの畑のぶどうで造られるワインだ。やや甘口でソフトな口あたり、フレッシュな味わいの白ワインが多い。G.A.シュミット社やP.J.ファルケンベルク社、フランツ・ヴィンケル社をはじめ、多数の生産者がいる。

黒猫人気に火がついた
その昔、熟成庫のなかにいた黒猫が飛び乗った樽のワインを試飲したところ、それが一番おいしかったという言い伝えがあり、そこから黒猫という愛称がついたという。

ところが…

あまりの人気に同じ名前のワインがあらわれ、黒猫の数は増える一方。とうとう20世紀後半に、シュヴァルツェ・カッツを産出するいくつかの畑（集合畑）がワイン法で規定されたのだ。

黒猫のキャラクターは、人気者。

急斜面の畑からとびきりのワイン誕生

ベルンカステル地区
Bernkastel

リースリング種を中心に栽培する、モーゼル川沿いの斜面にある産地。果実味の豊富な高級白ワインが生まれる。

エルデナー・プレラート
Erdener Prälat

神々しい香りは名前どおり

エルデン村のプレラート（大司教）畑のぶどうから造られる白ワイン。ふくよかで上品な味。造り手はローゼン博士家やE・クリストッフェル・ベレス家など。

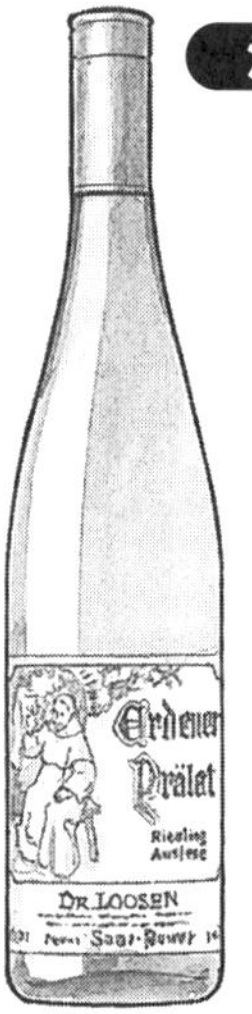

注目の造り手

●ローゼン博士家

200年の歴史を誇る生産者。近年とくに評価が高まり、ワインのガイドブックが選ぶ「ワイナリー・オブ・ザ・イヤー」に選ばれている造り手だ。

同社が造る左のボトルのエルデナー・プレラートは、ふくらみのある味わいで人気がある。

ヴェーレナー・ゾンネンウアー
Wehlener Sonnenuhr

歴史ある銘醸畑から生まれる

ヴェーレン村のゾンネンウアー（日時計の意）という畑のぶどうから造られるワイン。

造り手にもよるが、バランスのいい味わいで、コクのある白ワインが多い。

歴史ある醸造家で、古くから高い名声を誇っているJ.J.プリュム家や、S.A.プリュム家、ヴェーゲラー醸造所などが造っている。

ブラウネベルガー・ユッファー
Brauneberger Juffer

心地よいやさしさがある

ブラウネベルク村のユッファー（乙女）という畑のぶどうから造られるワイン。畑が尼僧修道院に属していたため、この名がついた。やわらかい飲み口で、繊細な味わいの白ワイン。
P.リヒト・ベルクヴァイラー家などのワインがある。

ブラウネベルガー・ユッファー・ゾンネンウアー
Brauneberger Juffer Sonnenuhr

デリケートな口あたり

ブラウネベルグ村にある「乙女の日時計」という畑のぶどうから造られる風味豊かな白ワイン。

フリッツ・ハーク家、リヒター醸造所などが造っている。

ベルンカステラー・ドクトール
Bernkasteler Doktor

お医者さんよりこのワイン

ベルンカステル村の銘醸畑ドクトールからとれるぶどうで造られる白ワイン。

医者という意味の畑名だが、薬くさいなどというようなことはない。甘味、酸味のバランスがよく、なめらかな口あたりと、繊細でロマンチックな香り。

このワインの造り手として、もっとも著名なH.ターニッシュ博士家をはじめ、ヴェーゲラー醸造所などの生産者がいる。

なぜ医者のワイン？

昔、医者にも治せない重い病気にかかったトリアー村の司教に、ある農夫がワインを差し出した。司教がこのワインを飲んでみると、回復したため、このワインを生んだ畑にドクトール（医者）と名づけたといわれる。

このワイン、飲めよ
体の疲れも
悩み事も
吹き飛ばしてくれる
医者よりずっと
効き目があるぞ

ピースポーター・ゴルトトレプヒェン
Piesporter Goldtröpfchen

上品でロマンチックな金のしずく

ピースポート村にある「金のしずく」という名の畑のぶどうから造られるワインの総称。

エレガントで香り高く、奥行きのある白ワイン。手ごろなもの、糖度の高い高級なもの、発泡性のものといろいろある。

14世紀からの歴史を誇り、ピースポート村のワイン造りのけん引役となっているラインホルト・ハールト家や、トリアー慈善連合協会、J.ハールト家などが代表的な造り手。

ピースポーター・ミヒェルスベルク
Piesporter Michelsberg

果実味が楽しいさわやかなワイン

ピースポート村のミヒェルスベルク（ミハエルの山の意）という畑のぶどうから造られるワイン。親しみやすい味わいの白ワイン。

もっとも有名な銘柄のひとつで、造り手の数も多い。代表的な生産者としては、ヨゼフ・フリードリッヒ社やG.A.シュミット社、ヴィルコム博士家などがある。

ほんのり甘くて飲みやすい〝聖母の乳〟が人気

ラインヘッセン地方は、ドイツ全体の四分の一を占める、国内最大のぶどう栽培面積を誇る生産地域だ。モーゼル地方やラインガウ地方に比べると、全体的になだらかな丘陵地帯で、気候も比較的おだやかな産地だ。

栽培されるぶどうも多種にわたり、それぞれ個性的なワインが造られているが、この地域に共通しているのは、ソフトなデリケートさがあること。そのため、〝貴婦人のワイン〟ともいわれている。

とくに中心地区であるヴォンネガウ地区で造られている、〝聖母の乳〟という意味の、リープフラウミルヒは、ほんのり甘くて飲みやすい甘口白ワイン。

もともとこのワインは、リープフラウミルヒという聖母教会で、修道僧たちが礼拝の合間に造っていたワインだという。

リースリング種、ミュラー・トゥルガウ種、シルヴァーナー種などのぶどうから造られるマイルドな白ワイン。さまざまな生産者が造るリープフラウミルヒが日本にも輸入されている。

白ぶどう

ミュラー・トゥルガウ（Müller-Thurgau）

栽培地域は?

ラインヘッセン地方を中心にドイツ全域で栽培されている。リヴァナー（Rivaner）の別名もある。

どんな品種?

19世紀の終わりに、スイスのトゥルガウ地方出身の教授が、交配して生み出した品種。
比較的、栽培しやすい品種だといわれる。

どんなワインになる?

やさしく飲みやすい口あたりの白ワイン。マスカットのような香りの、早飲みタイプのワインに仕上がることが多い。リープフラウミルヒなどの原料。

いろいろ飲み比べてみよう

ニーアシュタイン地区
Nierstein

ニーアシュタイナー村やオッペンハイマー村などがある。ニーアシュタイナー＋畑名、オッペンハイマー＋畑名といった名前のワインが国際市場に出回っている。知名度の高い産地。

ヴォンネガウ地区
Wonnegau

著名な白ワイン・リープフラウミルヒをはじめ、クリアでやわらかな味わいのシンプルな白ワインを産出する。

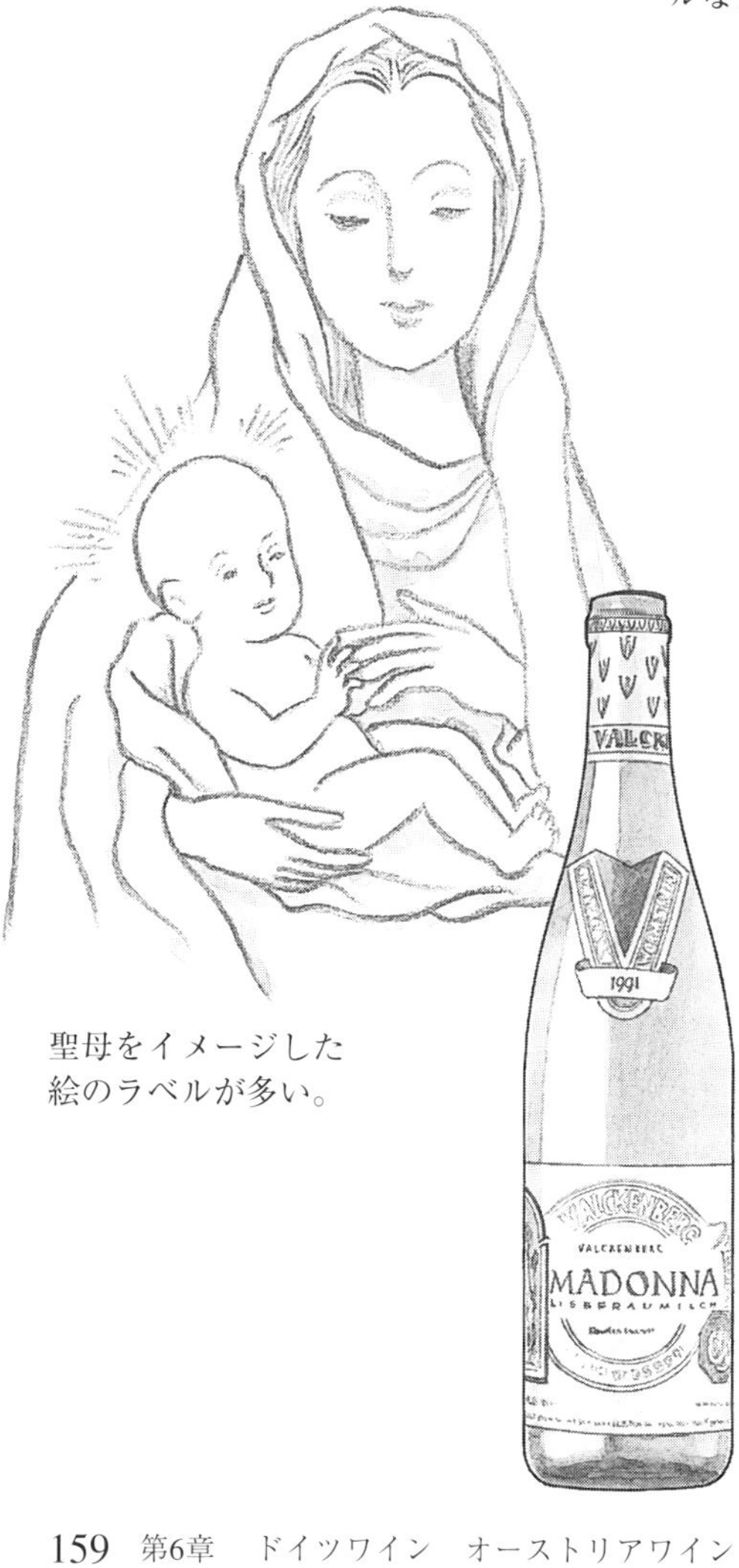

聖母をイメージした絵のラベルが多い。

リープフラウミルヒ
Liebfraumilch

やわらかい母なる味わい

酒名は、聖母の乳という意味。ラインヘッセン地方、ファルツ地方、ラインガウ地方、ナーエ地方の4つの特定地域で造られた白ワイン。政府の規定を満たしたものがこの名を名乗れる。

やや甘口で、ふくよかな味わい。発泡酒もある。手ごろで、生産量も多く、ドイツワインのなかでももっとも有名な銘柄のひとつだ。
P.J.ファルケンベルク、ジンマーマン・グレーフ＆ミューラー社、G.A.シュミット社など多数の生産者がいる。

注目の造り手

●P.J.ファルケンベルク
リープフラウミルヒの起源ともいえる聖母教会の畑の大半を所有している生産者。リープフラウミルヒ“マドンナ”という名前をつけている（左のボトル）。他社の製品と区別しやすい。

いまでは、マドンナという名前のほうが知れ渡っている。みずみずしい果実味が魅力的な白ワイン。

ワイン街道沿いにメーカーが並ぶ大生産地

フランスと国境を接するドイツ南西地方。シュバイゲンとボッケンハイムまでの南北約八〇キロにおよぶ〝ドイツワイン街道〟沿いに、広々としたぶどう畑と有名ワインメーカーが連なっている。

このファルツ地方は、ヴォージュ山脈やハート山系によって寒風がさえぎられるため、ドイツのなかでは温暖な気候に恵まれている。また近代的な技術の導入でドイツをリードしており、ワイン生産量はつねに国内第一、二位を争っている大生産地だ。

栽培品種は、リースリング種、ミュラー・トゥルガウ種、ケルナー種の三種で半分以上を占めている。しかし広大な地域のため、多種多様な品種が栽培され、造られるワインもそれぞれ。全体的には、香りが高くボディのしっかりした厚みのある風味をもっている。南部では軽いタイプのワインが多いが、ときに強烈な個性のワインも造られている。

白ワインの生産が六〇パーセント以上を占めるが、ドイツの産地のなかでは、赤ワインの生産も多い。この地域の赤ワインは、口あたりのよい果実味にあふれた良質なものだ。

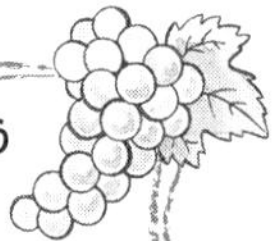

白ぶどう

ケルナー（Kerner）

栽培地域は?
ドイツを代表する品種。主にファルツ地方、ラインヘッセン地方、ヴュルテンベルク地方、モーゼル・ザール・ルーヴァー地方などで栽培。

どんな品種?
リースリング種（P150参照）と黒ぶどうのトロリンガー種（P164参照）を交配したぶどう。

どんなワインになる?
ほのかにマスカットの香りがする心地いい口あたりの白ワインになる。
やわらかな風味で、はっきりした個性はあまり出てこない。発泡性ワインのゼクトにもなる。

温暖な気候から豊富なワインができる

ミッテルハート／ドイッチェ・ヴァインシュトラーセ地区
Mittelhaardt／Deutsche Weinstrasse

フォルスト村、ダイデスハイム村、バート・デュルクハイム村などがあり、温暖な気候から、良質のワインが造られる。

フォルスター・イェズイーテンガルテン
Forster Jesuitengarten

口あたりがよく香り高い白
フォルスト村で、イエズス会修道士の庭という名の畑のぶどうから造られる白ワイン。余韻の長い甘口タイプ（アイスヴァインなど）。ファルツ地方の名門醸造所ブール参議官家などの生産者がいる。

ファルツ地方は
気候が温暖なこともあり
シュペートブルグンダー種
などの赤ワイン用のぶどうの
栽培も増えてきました

赤ワイン用の品種

ドルンフェルダー
濃い色調のワインができるぶどう品種。

シュペートブルグンダー
世界中で栽培されているピノ・ノワール種（P62参照）と同じ品種。

ドルン
フェルダー種も
そうですよね

ぽってりとした異色のボトルが目印　優秀な辛口ワインが生まれる

フランケン地方は、ライン川の支流であるマイン川周辺に広がる生産地。ぶどう栽培にはかなり厳しい気候のため、条件のよい南向きの斜面にかぎって、ぶどう畑が点在している。

厳しい環境で育つぶどうのせいか、甘めのやわらかなタイプの多いドイツワインのなかでは、引き締まった男性的な力強さのある辛口ワインが造られているのが特徴だ。

さらにこの地域のワインを特徴づけているのが、ボトルの形。ドイツのボトルは細長いものが多いが、フランケンワインは、ブランデーでよく使われるような、ぽってりした丸い形状のボトルが使われている。このボトルは、ボックスボイテル（山羊の皮袋型）とよばれる。ただしボックスボイテルが使われるのは、上級ワインのみだ。

フランケンワインの代名詞にもなっているのが、ヴェルツブルク村のシュタインワイン。シュタインとは〝石〟の意味をもつ畑名で、この畑で生まれたぶどうから造られるワインは、しっかり引き締まった辛口の風味があり、世界中で人気を博している。

白ぶどう

シルヴァーナー（Silvaner）

栽培地域は？

フランケン地方をはじめ、ドイツで栽培されている。フランスのアルザス地方などでは、シルヴァネール（Sylvaner）という名前で栽培されている。

どんな品種？

マスカットに似たような香りをもつ。

どんなワインになる？

さわやかですっきりとした、フレッシュな白ワインになる。ほのかにメロンのような芳醇な香りが漂う。

フランケン地方では、力強い辛口白ワインに仕上げられる。

ひとめでわかる特殊なボトル

ヴュルツブルガー・シュタイン
Würzburger Stein

男らしい辛口白ワイン
ヴュルツブルク村の「石」を意味する畑のぶどうから造られるワイン。名前のとおり石灰分が豊富な畑で、力強いワインになる。ユリウスシュピタール醸造所やビュルガーシュピタール醸造所などが造っている。

ボックスボイテル型のボトル
ぽってりとした背の低い丸型。フランケン地方のQ.b.A以上の上級ワインに使われている。緑色か茶色のボトルが多い。

イプヘーファー・ユリウス・エヒター・ベルク
Iphöfer Julius-Echter-Berg

上質な食中酒になる
イプホーフェン村最良のひとつといわれる畑のぶどうから造る白ワイン。ミネラルの豊富な畑から、エレガントですがすがしい香りが生まれる。上品な食中酒として楽しめる。古い歴史と高い評価のあるハンス・ヴィルシング家などの生産者がいる。

辛口ワインの新しい分類

辛口を意味するトロッケン（Trocken）や、やや辛口を意味するハルプトロッケン（Halbtrocken）に加えて、2000年に、セレクション、クラシックという表示が生まれた。辛口タイプを飲みたいときは、これらの記載を目安にするといい。

セレクション
Selection

ドイツ国内の指定された13地域の単一畑で収穫された、単一品種のぶどうで造られた上級な辛口ワイン。

クラシック
Classic

ドイツ国内の指定された13地域で収穫された単一品種のぶどうで造られたバランスのとれた辛口ワイン。

フルーティでパワフルな赤のドイツワインも急成長

ヴュルテンベルク地方は、ライン川の支流ネッカー川の上流に広がるワイン生産地で、川の両側の斜面にぶどう畑が広がっている。日本ではあまり知られていない生産地だが、ドイツでは珍しく半数が赤ワインで、その生産量はドイツ最大を誇っている。生産量の八〇パーセントは、協同組合で造られている。

赤ワイン用のぶどうは、トロリンガー種やシュヴァルツリースリング種、そしてこの地域でのみ栽培されているレンベルガー種など。これらから造られる赤ワインは、独特の土の香りをもつ個性的なものだ。また赤ワインも白ワインも、果実味が豊富で、力強く飲みごたえがある。

この地域では、ロゼワインも造られている。とくに有名なのは、シラーヴァインというもの。ロゼワインの造り方にはいくつか方法があるが、そのうち黒ぶどうと白ぶどうの果汁を混合して醸造したワインのことを、ドイツではロートリングといっている。シラーヴァインは、ヴュルテンベルク産のロートリングのことである。上級ワインのみ、ラベルにシラーヴァインと表示できる。

黒ぶどう

トロリンガー
Trollinger

ドイツのヴュルテンベルク地方で栽培されるほか、イタリア北部ではスキアヴァという名で栽培。
日常消費用の早飲みタイプのワインになることが多く、タンニンの少ない、フルーティで飲みやすい赤ワインになる。

黒ぶどう

レンベルガー
Lemberger

主にドイツのヴュルテンベルク地方で栽培。別名リンベルガー種。オーストリアではブラウフレンキッシュともいう。
フルーティなタイプ、タンニンの豊富なコクのあるタイプといろいろな赤ワインになる。

赤やロゼにも目を向けたい

いかがですか
いやぁ　ドイツの
赤ワインが
こんなにおいしい
とは思わなかった
ですよ

ヴュルテンベルク地方はドイツの赤ワインの産地として有名。

また、この地域のワイン消費量はほかの地域の約２倍といわれる。

美味なワインができるのは、造り手が大のワイン好きだからかも。

○ ナイペルガー・シュロスベルク
（ナイペルク伯爵家）


エレガントで繊細な味わいの赤ワイン。

ナイペルク伯爵家は、13世紀からの歴史ある名家。

○ ヴュルテンベルガー・シラーヴァイン
（ヴュルテンベルクぶどう生産者協同組合）


ヴュルテンベルク村で造られているロートリングというロゼワイン。

格付けがQbA以上で、ヴュルテンベルク産のため、とくにシラーヴァインと名のることができる。

ロートリングの造り方

黒ぶどうの
果汁
白ぶどうの
果汁
果汁をブレンド
してから発酵へ

ロートリングというロゼワインは、まず、黒ぶどうと白ぶどうの果汁をブレンドして、それを発酵させて造る。

ロゼワインの造り方はほかに、黒ぶどうから赤ワインと同じように造る方法や、白ワインと同じように造る方法、赤ワインと白ワインを混ぜる方法などがある。

食中酒向きの辛口白ワインから極甘口のデザートワインまで

生産量は少ないが、独自の良質なワインを送り出していることで名高いのが、オーストリアである。

アルプス山脈が広がる西部はぶどう畑には適していないが、比較的温かい東部に畑が広がっている。品種の三分の一を占めているのは、グリューナー・フェルトリナー種という、この国固有のぶどう品種だ。

生産量の八〇パーセントは白ワイン。全体的にはドイツワインと似た果実味あふれるタイプだが、ドイツよりやや温かい気候のため、厚みがあり、辛口タイプが多い。一方で、糖度の高いぶどうから造る極甘口の白ワインも人気だ。

ワイン法に基づく格付けは、ドイツと同じようなカテゴリーに分かれ、産地よりもぶどうの糖度を重視しているのも同じだ。ラベルに辛口・甘口の表示がしてあるので、選びやすい。

なお、ブルガリアやルーマニアなどの東欧諸国にも、すばらしいワインがたくさんある。政治的にも安定してきているので、今後東欧ワインも、世界に向けてどんどん送り出されていくだろう。

オーストリアの新酒は「ホイリゲ」という。解禁日は、フランスのヌーボーより早く、11月11日。微発泡ですっきり軽やかな飲みやすいワインだ。

格付けはドイツに似ている

上級ワイン

Prädikatswein
プレディカーツヴァイン

単一地域で指定の品種を原料に、公的検査に合格したワイン。収穫年度の表示がある。補糖はしていない。
最低糖度19KMW*のシュペートレーゼから最低糖度30KMWのトロッケンベーレンアウスレーゼまで7段階に分類。

Qualitätswein
クヴァリテーツヴァイン

単一地域で指定の品種で造り、公的検査に合格したワイン。最低糖度15KMW。
補糖せずに、最低糖度が17KMWのものはカビネットKabinettというカテゴリーになる。

Landwein
ラントヴァイン

オーストリアの定められた栽培地方のぶどうで造るワイン。最低糖度14KMW。

Tafelwein
ターフェルヴァイン

オーストリア産のぶどうで造るテーブルワイン。最低糖度10.6KMW。

テーブルワイン

＊KMW…ワインを造る前の果汁糖度の単位。数値が大きいほど糖度も高い。

極甘口タイプのオーストリアワイン

○ **クラッハー・トロッケン・ベーレンアウスレーゼ・グランド・キュヴェ**
（クラッハー社）

濃密で繊細、トロピカルフルーツのような味わいがある極甘口の白ワイン。
クラッハー社は、オーストリアの甘口ワインの最高の造り手のひとつ。

○ **オックス・アイスヴァイン**
（オックス社）

氷結したぶどうで造る極甘口の白ワイン。極甘口タイプは、冷たく冷やして楽しむといい。

金が溶け込んだ？〝トカイワイン〟

ハンガリーのワインで真っ先にあげられるのが、トカイ地方で造られる、トカイワインだ。その極上品は貴腐ぶどうから造る甘口ワインで、「トカイ・アスー・エッセンシア」という。フランスの「ソーテルヌ」、ドイツの「トロッケンベーレンアウスレーゼ」に並ぶ、世界三大貴腐ワインのひとつだ。ウイスキーやブランデーのような濃い琥珀色をしており、かつては黄金が溶け込んでいると信じられていたという。

トカイ・アスー・エッセンシアは、昔から王侯貴族たちに愛されてきた。ルイ一四世は「ワインの王様、王様のワイン」とたたえ、一八世紀の帝政ロシアの女帝エカテリーナは、わざわざコサック兵をぶどう畑の警備にあたらせ、オーストリア皇帝は英国のビクトリア女王に誕生日ごとに年齢分だけダースで贈って喜ばれたという。

一方このワインは、手術のときの麻酔がわりにも使われていたという話があるなど、エピソードにはこと欠かない。

トカイ以外のハンガリーワインも、忘れてはならない。とくに生産の七〇パーセントを占める白ワインには、すばらしいものが多い。

フォアグラと甘口ワインは大好きな組み合わせ

ぼくの大好きな組み合わせのひとつが、フォアグラと甘口ワインだ。レストランでほかのワインを飲んでいても、フォアグラが出るときだけ、甘口ワインをグラスで頼むことがある。

いちばんマッチするのは、フランスのソーテルヌのシャトー・ディケムだが、同じ世界三大貴腐ワインである、ドイツのトロッケンベーレンアウスレーゼやハンガリーのトカイワインとも相性バッチリだ。そのほかポルトガルのポートワインやスペインのシェリー酒など、甘口のワインがあうので、ぜひ試してほしい。

極甘口ワインは恋の媚薬に

黄金色に輝くトカイワインは、飲む人を幸福にする酒だ。

代表的なトカイワイン

○ トカイ・アスー・エッセンシア
（フンガロヴィン社）

トカイ地方で造られた貴腐ぶどう100パーセントの極甘口タイプのワイン。
フンガロヴィン社は、いろいろなタイプの甘さのトカイワインを造っている。

○ トカイ・アスー5プットニョッシュ
（トカイ・トレーディング・ハウス）

普通のぶどうで造った新酒に、貴腐ぶどうを加えて造った甘口のトカイワイン。
同社が“キンチェム”という畑のぶどうから造る「トカイ・ミュージアム・アスー5プットニョッシュ“キンチェム”」はさらに高級品だ。

○ トカイ・フルミント・ドライ・マンドラス
（オレムシュ）

フルミント種というぶどう100パーセントで造るやや辛口のトカイワイン。オレムシュ社は甘口のトカイワインも造っている。

プットニョッシュとは?

普通のぶどうで造った新酒136ℓに加える貴腐ぶどうの量を表す単位。1プットニョッシュ（26kg）から6プットニョッシュまである。数字が大きいほど甘口になる。

キュキュ
いい感じに冷えたな

もっとおいしく味わうために、基本をしっかりおさえておきたい

ワインには
もっともおいしく飲める
適温がある

熟成が長いほどおいしいワイン……というわけではない

あいつが来る前に、一杯いただくとするか
スポッ

飲む順番をまちがえると
魅力が半減する?

トク
トク
トク
トク

ワインのおいしさを
引き出すグラスがある

飲み残したワインも最後までおいしく味わう

第7章

ワインを楽しむための基礎知識

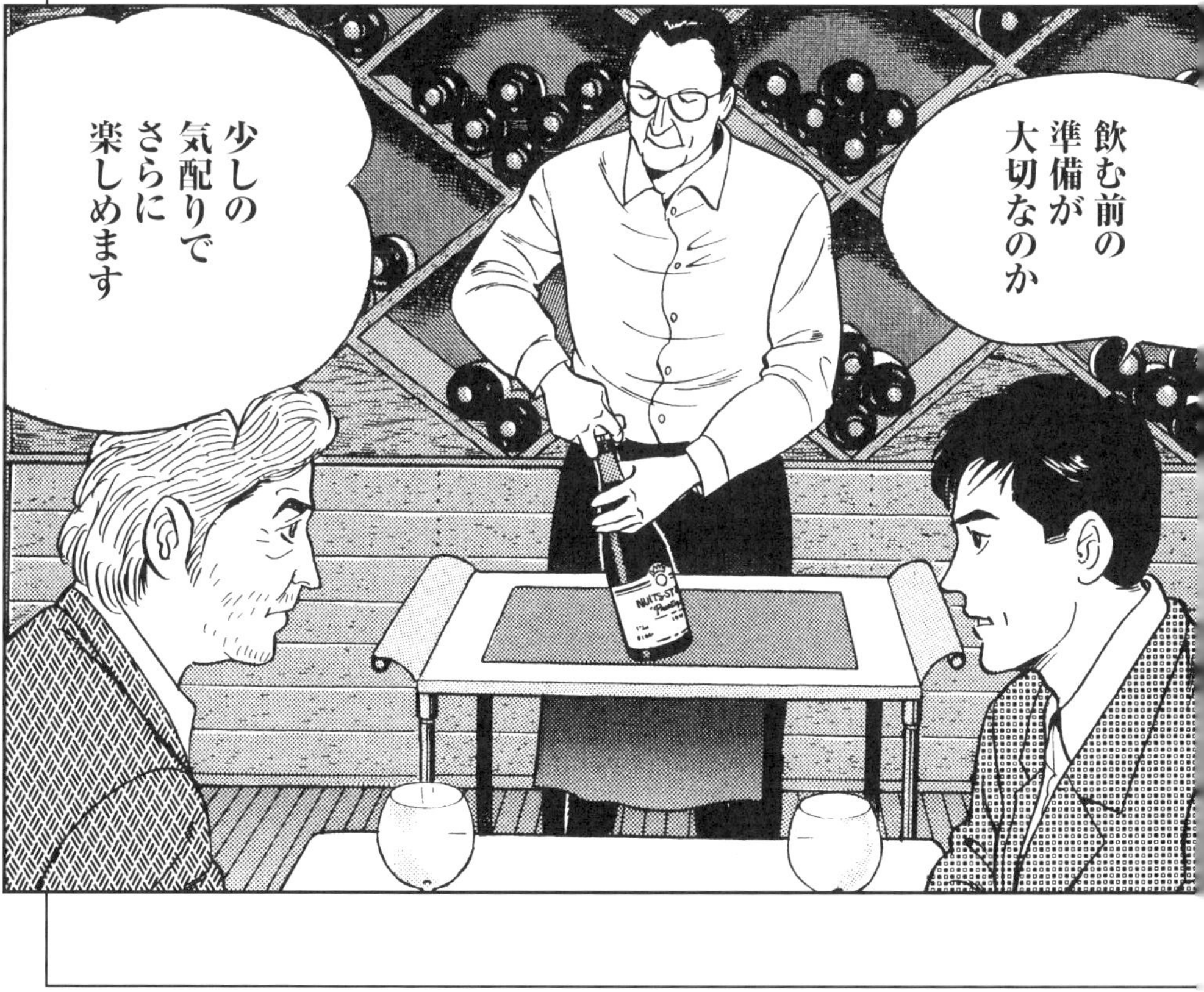
飲む前の
準備が
大切なのか
少しの
気配りで
さらに
楽しめます

おいしく飲むためのポイント

Part 1

購入、保存にも注意を

購入

テーブルワインなら、どこで買ってもさほど問題はないが、高価なワインを手に入れるときは、保存や管理の行き届いたところで購入したい。

専門店

種類も店員の知識も豊富。ワインセラー（貯蔵室）のある専門店は管理も万全だ。

インターネット

品揃えが豊富で、自宅まで配送される。信用のおけるサイトを利用しよう。

オークション

FAXなどを利用して、外国のオークションに参加するのも楽しい。

ワイナリー

ワイナリーによっては、訪問して、直接購入できるところもある。

飲み頃

ワインは時間とともに変化する。熟成によって味に磨きがかかるもの、磨耗してしまうものといろいろ。もっともおいしく味わえる飲み頃を楽しみたい。

大きく分けると2タイプある

早飲みタイプ

新酒やテーブルワインは時間の経過でおいしくなることはあまりない。手に入れたら早めに飲みたい。

一般に白ワインなら3年以内、赤ワインなら5年以内が飲み頃。

新酒は、買ったらすぐ飲もう。

熟成タイプ

主に高級赤ワインに多い。力強さがあり、時間の経過とともに、バランスがよくなり味わいが深まる。

10年～50年と飲み頃はさまざまだ。

保存

ワインはボトルのなかでもゆっくり熟成を続ける。保存環境が悪いと、酸化したり、劣化してしまう。保存には気を使いたい。

ワインに好ましい環境

●暗い
蛍光灯や日光はワインを劣化させる。

●静か
ボトルに振動が加わると、劣化の原因になる。

●適度な湿度
乾燥するとコルクが縮んで、酸素や微生物が侵入しやすくなる。70%くらいの湿度が最適とされる。

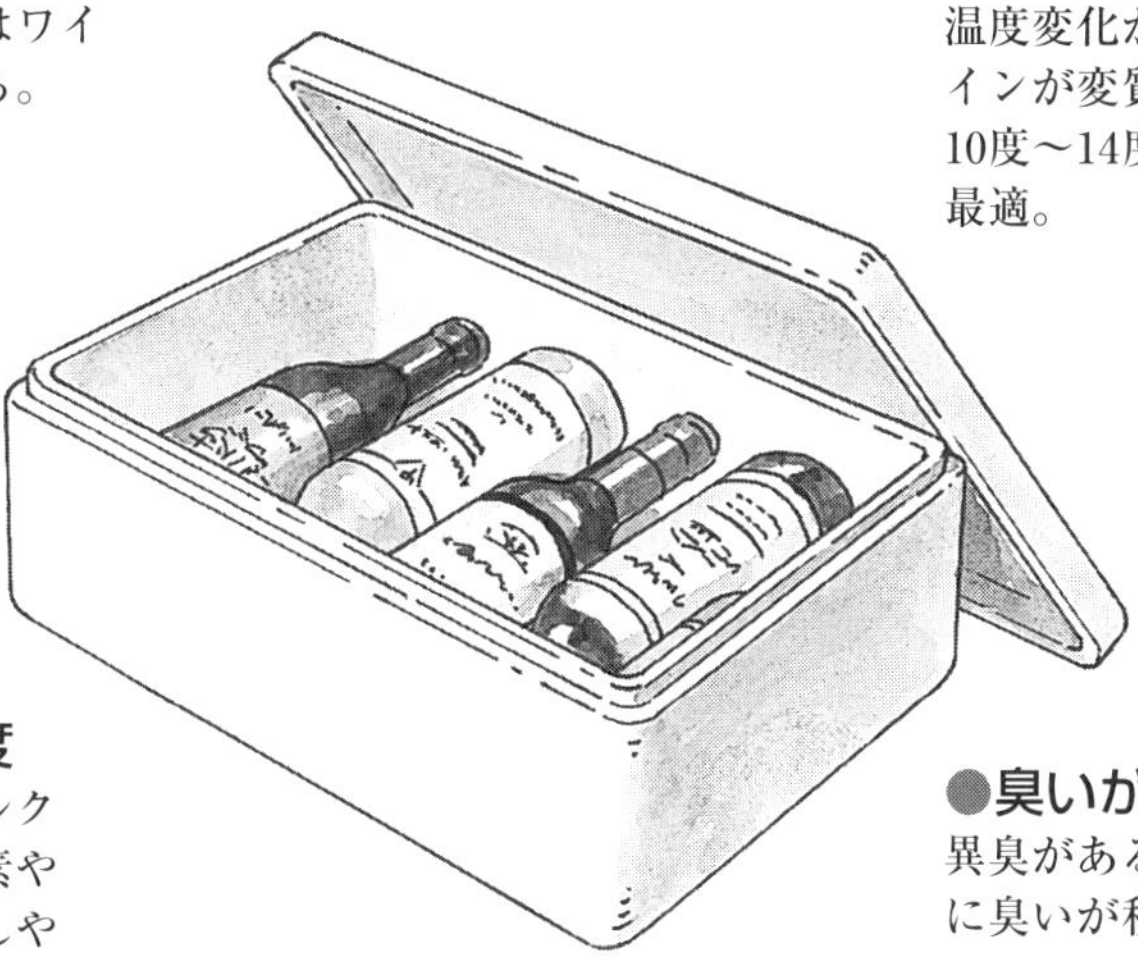

●温度変化が少ない
温度変化が大きいとワインが変質しやすい。10度〜14度での保存が最適。

●臭いがない
異臭があると、ワインに臭いが移ってしまう。

ボトルを寝かせて箱に入れ、涼しいところへ
断熱効果の高い発泡スチロール製の箱などに、ワインを寝かせて入れ、温度変化の少ない床下収納や納戸、階段下など冷涼な場所に保管するといい。

予算と場所があるなら、家庭用のワインセラーを買うのもひとつの方法だ。

ワインによっておいしい温度は違う

適温

飲んだときにおいしく感じられる適温は、ワインのタイプによって異なる。「赤は室温で、白は冷やして」などというが、これは昔のフランスでの話。気候が暖かい日本では、赤ワインも室温ではなく、少し冷やしたくらいがちょうどいい。

赤ワインの適温

温度が低すぎるとタンニンの渋みを強く感じる。軽い早飲みタイプならひんやりぐらいが適当。ボディとは飲んだときの重厚感のこと。

白ワインの適温

冷やしたほうが酸味が引き締まり、フレッシュさを楽しめる。高級な白ワインは冷やしすぎて風味が失われないよう注意が必要だ。

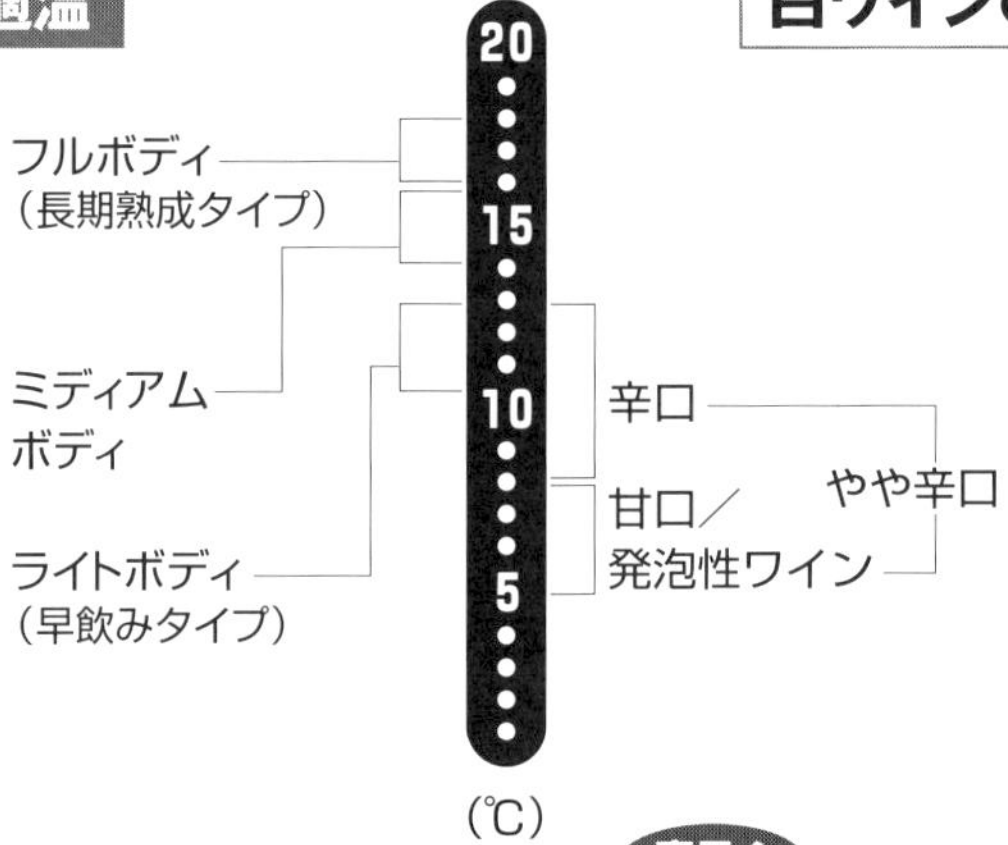

手軽に

冷蔵庫で冷やす

辛口白ワイン------3時間程度

甘口白ワイン------6時間程度

軽い赤ワイン------1時間程度

素早く

ワインクーラーで冷やす

冷やす時間は、1分で1度下がると考えて計算する。
室温20度で、ワインを12度にしたいときは、8分冷やせばいい。

深さのある金属製のバケツ
6：4の比率で氷と水を入れる

抜栓

T字型のコルクスクリューは、真っ直ぐささらなかったり、コルクが割れることがある。力の加減も難しい。慣れないうちは、初心者でも抜きやすいオープナーを使うといい。

オープナー

上部のねじを巻くだけで、自然にコルクが抜けるスクリュープルというタイプが簡単だ。また、テコ式のオープナーも力をいれずにあけられる。慣れたらソムリエナイフに挑戦してみるのもいい。

コルクが残ってしまったら…

コルクが割れて、ボトルの首の部分に残ってとれなくなった場合は、専用の道具で取り出すか、ボトル内に突き落として、デカンタージュする。粉々に崩れたときは、コーヒーフィルターなどでこす。

デカンタージュ

とっておきの高級赤ワインは、“デカンタージュ”をしてみるといい。デカンタージュとはワインをボトルから別の容器に移すこと。味わいをクリアにする、まろやかにするなどの効果がある。ただし、風味も早くとんでしまうので、必要があるか考えてから行なう。

デカンタージュの方法

飲む数日前からボトルを立てておき、澱《おり》（年代物の赤ワインにみられる成分の結晶）を沈めておく。ボトルの栓を抜いたら、デカンタとよばれるガラス容器にそっとワインを移しかえる。

ボトルの底に沈んだ澱がデカンタに入る手前で、移しかえを止める。

レストランでは、澱が入らないようボトルを透かしてみるために、ロウソクを使うことがある。

効果①

ワインの味を損なう澱を分離できる。

効果②

移しかえることで空気に触れ、ボトルのなかで眠っていた香りや味が目覚める。

おいしく飲むためのポイント Part 3

グラスにこだわり、順番に気を配る

グラス

ワインのおいしさを存分に堪能するためには、ありあわせのコップやグラスではなく、ワイン用とされるグラスを用意したい。

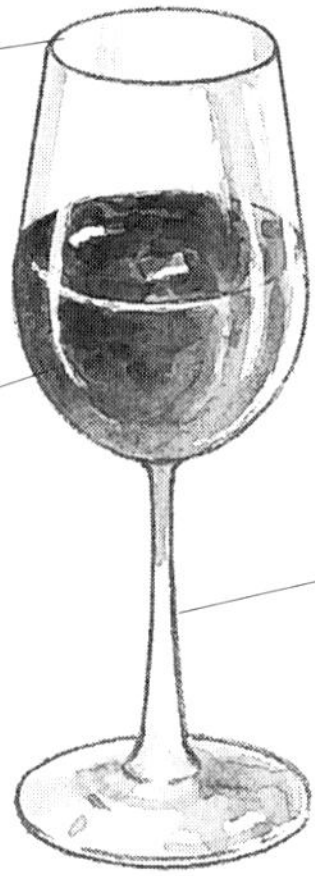

縁
口にあたる部分が薄いほどいい。

胴
ボールともいう。ワインの上部に香りが溜まる。

ステム
グラスの脚の部分で、ここをもって飲む。

無色透明なものを

ワインの色を鑑賞するためには、透明で飾りのないグラスがいい。

ボルドー型

縦長の卵型で縁が内側にカーブしている。香りを強く感じることができる。

小ぶりなのは白ワイン用。冷えているうちに飲めるよう容量が小さい。

ブルゴーニュ型

胴の部分が大きく膨らんでいるバルーン型。空気に触れる面積が大きく、香りが素早く立ち上り、逃しにくい。

発泡性ワイン用

縦長グラスはきれいに立ち上る泡を楽しめる。フルート型という。
パーティーなどで使われる平たいグラスはソーサー型という。

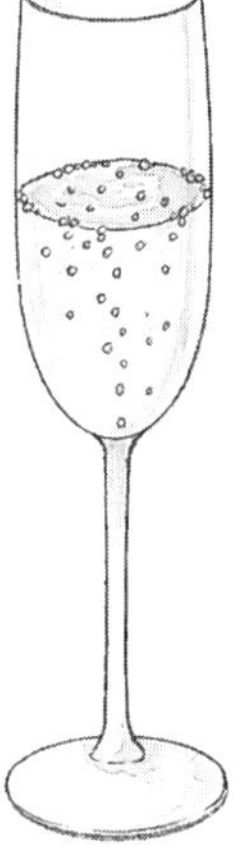

縁が外側に反っているグラスは、果実味を感じやすい。

飲む順番

何種類か飲むとき、それぞれのワインの特徴を十分に味わうには、飲む順番にも気を配りたい。下の順序を参考に、ライト感覚なワインからヘビー感覚のワインへかえていこう。順序が逆になると、十分に味わいを感じ取れなくなる。

軽いワイン → 重いワイン	逆の順番になると、軽いワインがよけい軽い味わいに感じられ、そのワインの持ち味がわからなくなりやすい。
若いワイン → 熟成ワイン	若いワインを先に飲むほうが、フレッシュな味わいが魅力的に感じられる。
辛口ワイン → 甘口ワイン	甘口ワインのあとに辛口ワインを飲むと、酸味が強く感じられ、ふくよかな風味が感じにくくなる。
白ワイン → 赤ワイン	赤ワインの重さが舌に残ると、白ワインのフルーティさを十分に味わいにくくなる。
普通のワイン → 上質なワイン	複雑な味の上質なワインのあとに、シンプルな普通のワインを飲むと物足りなく感じることがある。

注ぐ

ワインの魅力を十二分に味わうためには、グラスに目一杯注がないほうがいい。適量をゆっくりと注ぐ。違う種類のワインを飲むときは新しいグラスに注ぐ。

ソムリエに任せる

レストランでは、自分たちで注ぎあわずに、ソムリエに任せるといい。なお、自分たちで注ぐときは、男性の役目だ。

ボトル1本で約6杯分

フルボトル（750ml）1本を一般的なワイングラスに３分の１程度（約120ml）注ぐと、およそ６杯分になる。４人で飲むと、ひとり１、２杯の計算。最近は、ハーフボトル（375ml）の種類も増えている。

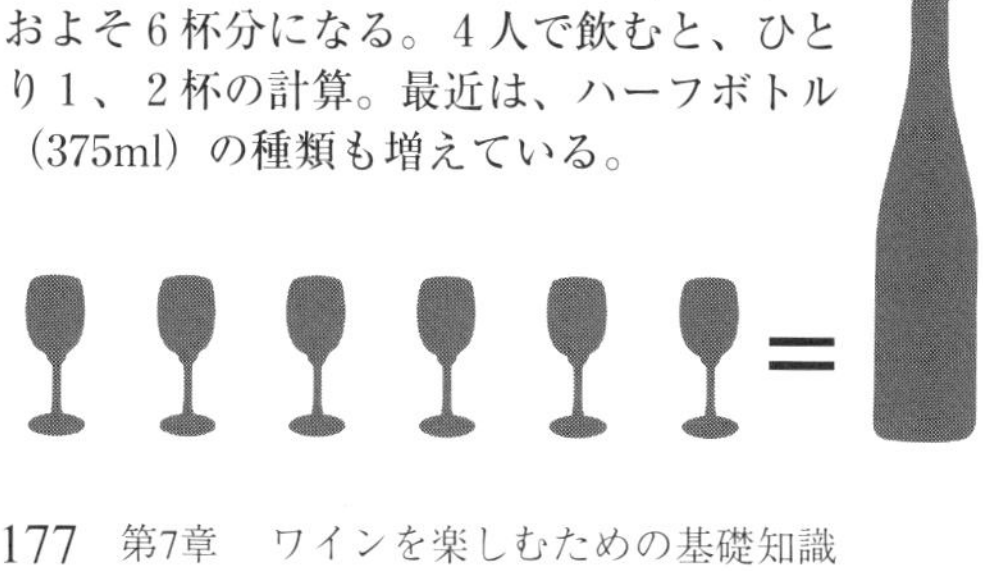

大ぶりのグラスのときは注ぎすぎないように注意を。

おいしく飲むためのポイント

Part 4

色、香りも楽しむ

色をみる

光にかざしたり、グラスを傾けてワインの色をみる。ぶどうの品種、熟成具合によって、色の違い、濃淡の違いがある。赤といっても、ルビー色、紫っぽい色、深紅色、レンガ色、オレンジ色などがある。白ワインも、黄緑色、麦わら色、黄金色、琥珀色などそれぞれ異なる。

透きとおっていますね

粘り気をみる

グラスを軽くまわして、グラスの内側を伝い落ちるしずくをみる。

さらりと落ちるものよりゆっくり落ちるもののほうが、アルコール度が高く、構成がしっかりしている。

泡立ちをみる

発泡性ワインは長い間、細かい泡が上るものがいい。

香りをかぐ

ワインの醍醐味である香りは十分に楽しみたい。グラス内に鼻が入るほど近づけ、じっくり香りをかいで特徴をつかむといい。カビのようなにおいや酢のようなにおいは劣化したワインだと考えられる。

アロマ

ぶどう自体の果実の香り。注いだばかりのグラスから立ち上る。

ブーケ

熟成によって生まれる複雑な香り。グラスを数回まわし空気と触れたあとの香り。

ラズベリーのような果実や花の香りそのあと香辛料の香りも立ち上ってくる

味わい

少量を口に含み、舌のうえにゆっくりと広げていく。甘み、酸味、渋み、苦味、アルコール度、重さ（コク）、切れ味などを味わう。ゆっくり飲み込んで、のどごし、後味を評価する。

よく使われるワインの個性を表現する用語

厚みがあって、優雅なワインだ

力強く男性的な味わいがする

リッチなコクがある

いまはまだ若い味わい

すがすがしい飲み口だ

ビロードのようななめらかさ

レースのような舌ざわり

洗練された優美な味わいね

味のバランスをきめる4つの要素

甘み
ぶどうがもつ糖分による。ぶどうの熟成具合によってかわる。

渋み、苦味
ぶどうの果皮や種に含まれるタンニンによる。長期熟成ワインには欠かせない。

アルコール度
度数が高いほどコクや甘みを感じるが、ワインの質をきめるものではない。

酸味
リンゴ酸などで、白ワインの味のきめて。寒冷地のものほど強く出やすい。

おいしく飲むためのポイント Part 5

料理と上手にあわせる

相性

ワインは飲むときにあわせる料理やつまみなどによって、数十倍もおいしく味わえたり、イマイチに感じたりする。参考書などにとらわれず、いろいろ試して、自分好みの相性をみつけていくといい。

同じ出身地のものをあわせる

一般的に、イタリア料理ならイタリアワイン、スペイン料理ならスペインのワインという具合に、その土地の料理にはその土地のものがあう。チーズなどのつまみも同じことがいえる。

このワインとチーズは同じ村で造られたものです
ワインだけを飲むよりもチーズと一緒のほうがワインの味が一層引き立ちますね

同じ色味のものをあわせる

素材や調理された料理の色とワインの色をあわせると調和しやすい。もちろん例外もあるので、あくまで目安としていろいろ試してほしい。

素材の色

牛肉は赤ワイン、鶏肉なら白ワインもあう。魚も白身なら白ワイン、赤身なら赤ワインがあうことも。

料理の色

料理のソースの色、揚げ物なら揚げ上がりの色の濃さ、煮物なら煮込み後の色味にあわせる。出来上がりの色の濃いものなら赤、薄いものなら白を試してみよう。

飲み残し

ワインは、一度栓を抜いたら、その日のうちに飲み終えるほうがいい。空気に触れたままにしておくと、酸化が進み、風味が失われる。残ってしまったら、できるだけ空気に触れないよう栓をして冷蔵庫に保存するといい。

空気を抜いて冷蔵保存

ポンプでボトル内の空気を抜く道具（ワインセーバーなどという）が市販されている。完全ではないが酸化をおさえる。これで空気を抜いて冷蔵庫に保存すれば数日間もつ。しかし風味が落ちていくので、早めに飲みきろう。

別の活用法もある

残ったワインをジュースとあわせてカクテルにしたり、ワインに砂糖とゼラチンを加えてゼリーを作ったりしてもおいしい。
さらに焼き物、煮物、ドレッシングなど料理にも使える。臭みを消したり、味に深みを与えたり、風味付けになる。赤なら肉をやわらかくする効果もある。

おみやげに貝をもらった
冷蔵庫に残っている
白ワインで
ワイン蒸しにするか

醸造法も知っておきたい

造り方

甘口、辛口の違い、渋みの有無、ワインの重さの違いなどは、造り方の違いで生まれる。基本的な造り方を知っておくとワイン選びに役立つ。

赤ワイン

黒ぶどうを果皮や種も一緒に発酵させたもの。果皮や種から渋みの成分となるタンニンや、色素が抽出され、赤ワインの味わいと色を生み出す。

↓

発酵

ぶどうをつぶして、果皮や種ごと酵母を加えて発酵させる。

↓

圧搾

果汁を圧搾し、こして果皮や種を除く。ここまでの発酵期間を“かもし”といい、長いほど重く色の濃いワインになる。

↓

後発酵

マロラティック発酵ともいう。リンゴ酸が乳酸に変化し、酸味がやわらかく、まろやかになる。

白ワイン

白ぶどうか、黒ぶどうの果肉だけを発酵させる。果皮や種を使わないため、渋みがないフルーティな味になる。

↓

圧搾

ぶどうをつぶして圧搾し、果汁と、果皮や種などを分ける。

↓

発酵

果汁に酵母を加えて発酵させる。完全に発酵させると辛口になり、途中で発酵を止めると、糖分が残り甘口になる。

↓

熟成・澱引き

瓶詰め前に、ステンレスタンクや樽に移して熟成させる。静かにそのままおいておくと、ワインの底に澱とよばれる沈殿物などができるため、それらを取り除く（あえて行なわないこともある）。

↓

瓶詰めして出荷

サポート

ワインの種類は途方もなく膨大だ。すべての名前や味を覚えている人は少ない。
ワインを選ぶとき、飲むとき、保存するときなどは、ワイン好きの味方になってくれるソムリエや販売員の人に相談するといい。

ソムリエ

レストランでの飲み物全般を管理し、サービスする人。ヨーロッパでは古くからある専門職。ソムリエ認定資格試験がある。

ワインアドバイザー

ワイン専門販売店などで、ワインを選ぶ手助けをしてくれる。ソムリエと同じように専門知識をもっている。資格試験もある。

相談するポイント

予算をはっきり伝える

ワインの値段は1000円以下から、上は数万、数十万まできりがない。予算を伝えて、そのなかでベストなワインを選んでもらおう。

好みを伝える

赤か白か、軽いタイプか重いタイプか、渋みや酸味はどのくらいがいいかなど、好みを伝えて選んでもらおう。いつ、どんな料理と、誰と飲むかなど情報が多いほど、ぴったりのものを選んでもらえる。

人と同じように、ワインも同じものはふたつとない。一期一会を大切に楽しんで飲みたい。

まだまだある世界のワイン生産地

北と南にワインベルトがある

ぶどう造りに適するのは、年間平均気温が10〜20度の温暖な地。北半球の北緯30度〜50度近辺や、南半球の南緯20度〜40度近辺にあたる。世界地図の北と南に2本のベルト状に生育適地ベルト（ワインベルト）が広がっている。

さらに年間降雨量や日照時間、地形、土壌など条件を満たした地域がワイン造りに適している。

北のワインベルト

フランス、イタリア、ドイツ、イギリス、スイスなどヨーロッパの生産国をはじめ、アメリカ、カナダ、北アフリカ、中東、中国、日本など。

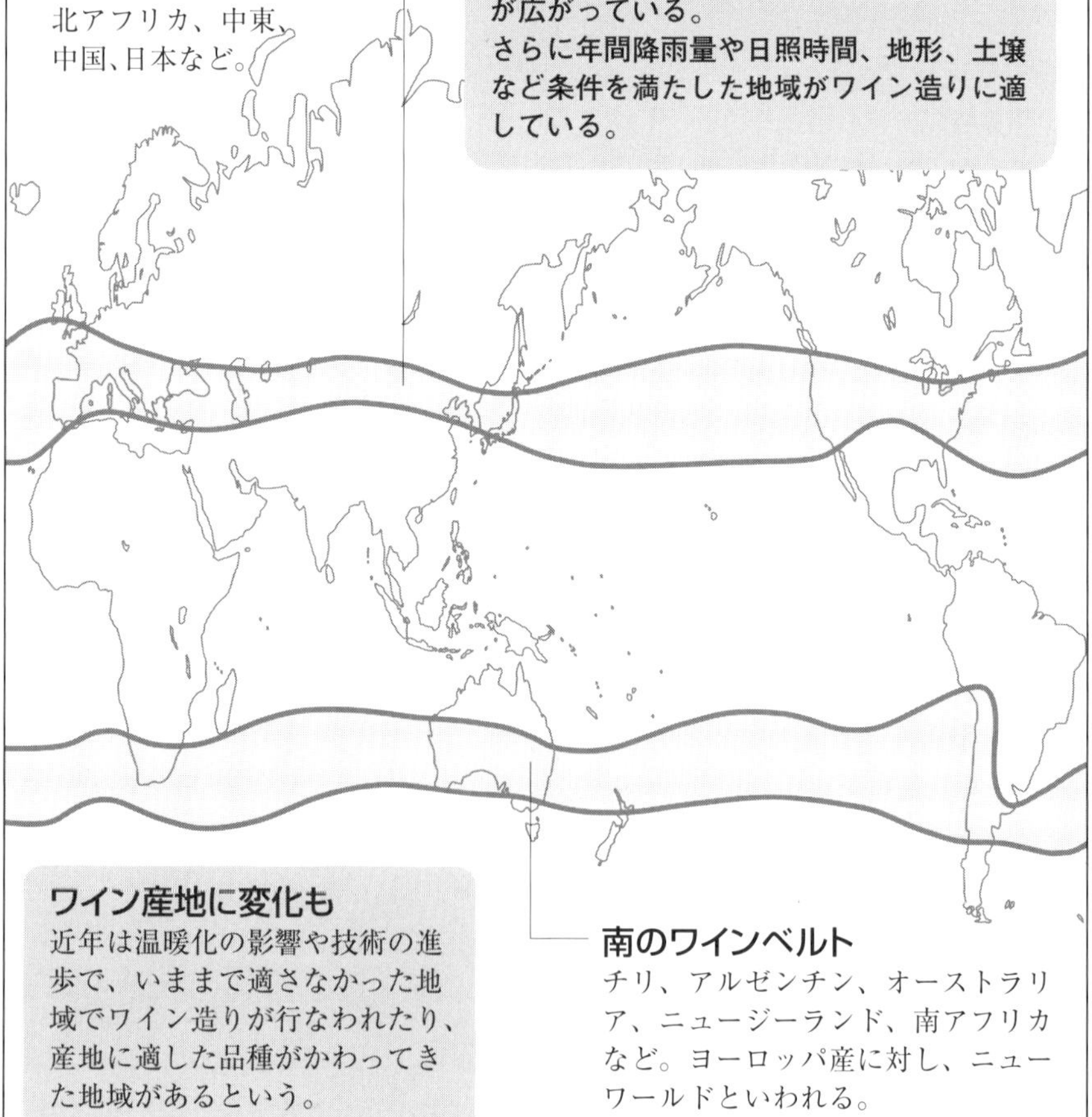

南のワインベルト

チリ、アルゼンチン、オーストラリア、ニュージーランド、南アフリカなど。ヨーロッパ産に対し、ニューワールドといわれる。

ワイン産地に変化も

近年は温暖化の影響や技術の進歩で、いままで適さなかった地域でワイン造りが行なわれたり、産地に適した品種がかわってきた地域があるという。

広がるワインの世界を味わいたい

次々と気になるワイン産地が出てきているんだよ

南アフリカ共和国

17世紀にワイン造りがはじまり、南アフリカワイン醸造者協同組合連合（KWV）を中心に発展した。現在、生産量で世界十指に入る。国際市場での需要の高まりから、ヨーロッパなど外国からの投資も増え、上質なワインが生まれている。

カベルネ・ソーヴィニヨン種や独自の交配種ピノタージュ種などから赤ワインを、スティーン種などから白ワインを造っている。株式会社化したKWV社や、ディステル社などの大規模ワイナリーのほか、小規模なワイナリーも増えている。

スイス

フランスやイタリア、ドイツ、オーストリアなどワイン大国に囲まれている。シャスラー種という白ぶどうや、ピノ・ノワール種などの黒ぶどうの栽培が中心で、軽くフレッシュなワインが多い。

テテュ社やシェンク社などの生産者がいる。

ブルガリア

世界最古のワイン産地のひとつ。1990年代から民間の醸造所が次々とでき、国際市場に進出してきた。カベルネ・ソーヴィニヨン種、メルロ種、シャルドネ種など、品種別のワインが多い。

ドメーヌ・ボイヤール社などの生産者がいる。

その他

ほかにも、ヨーロッパではルーマニア、グルジア、マケドニア、ルクセンブルク、イギリスなどでワイン造りが行なわれている。中東では、イスラエル、レバノン、トルコ、北アフリカのモロッコ、チュニジア、エジプト、南アメリカのブラジル、ウルグアイ、ペルー、そしてアジアでは中国などでワインが造られている。

フランスやカリフォルニアの大手ワイナリーがこれらの国に進出したり、有能な醸造家が各国のワイナリーをコンサルタントしており、国際市場に向けたワイン造りが行なわれている。

いちばん身近な日本のワイン生産地

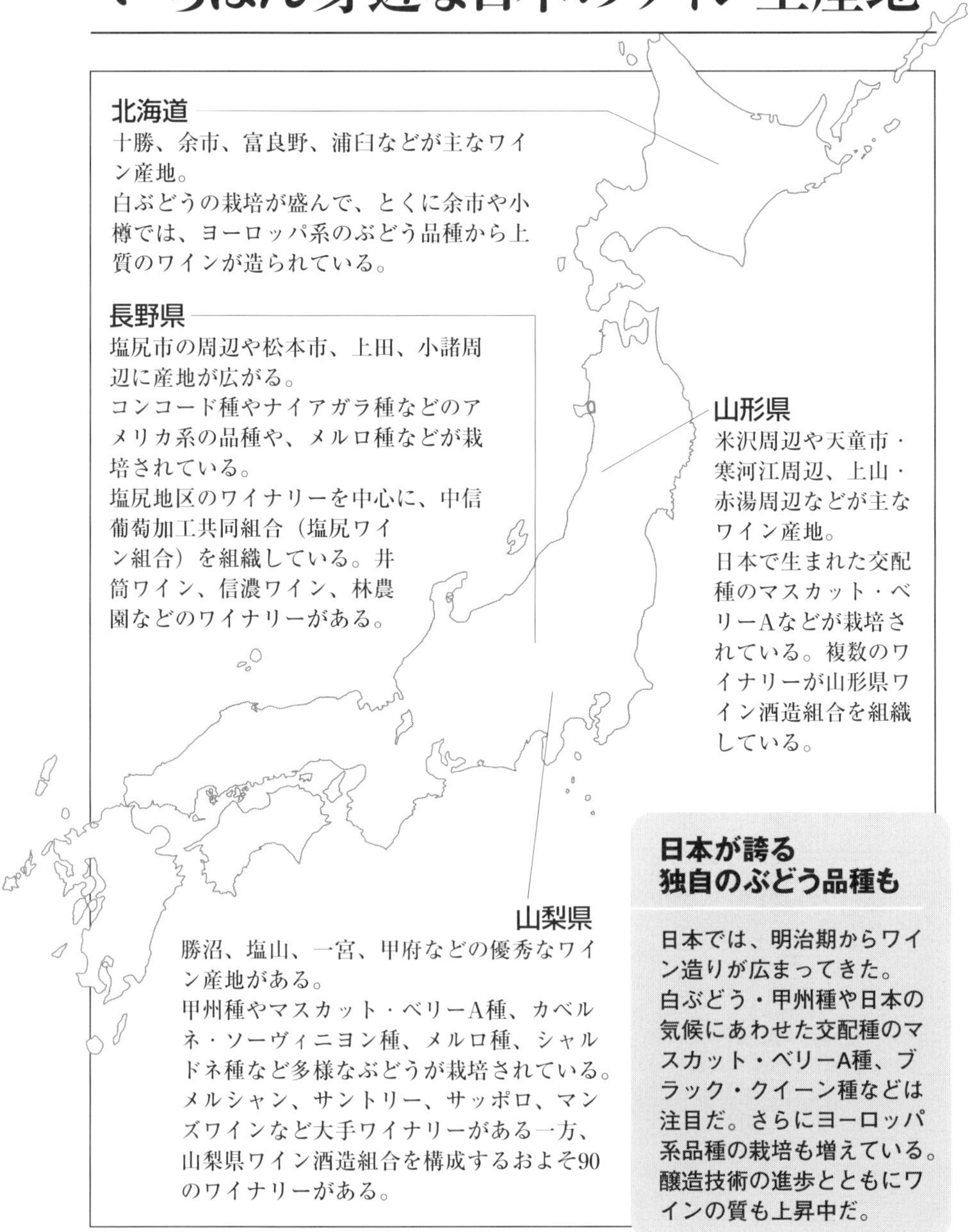

北海道

十勝、余市、富良野、浦臼などが主なワイン産地。

白ぶどうの栽培が盛んで、とくに余市や小樽では、ヨーロッパ系のぶどう品種から上質のワインが造られている。

長野県

塩尻市の周辺や松本市、上田、小諸周辺に産地が広がる。

コンコード種やナイアガラ種などのアメリカ系の品種や、メルロ種などが栽培されている。

塩尻地区のワイナリーを中心に、中信葡萄加工共同組合（塩尻ワイン組合）を組織している。井筒ワイン、信濃ワイン、林農園などのワイナリーがある。

山形県

米沢周辺や天童市・寒河江周辺、上山・赤湯周辺などが主なワイン産地。

日本で生まれた交配種のマスカット・ベリーAなどが栽培されている。複数のワイナリーが山形県ワイン酒造組合を組織している。

山梨県

勝沼、塩山、一宮、甲府などの優秀なワイン産地がある。

甲州種やマスカット・ベリーA種、カベルネ・ソーヴィニヨン種、メルロ種、シャルドネ種など多様なぶどうが栽培されている。

メルシャン、サントリー、サッポロ、マンズワインなど大手ワイナリーがある一方、山梨県ワイン酒造組合を構成するおよそ90のワイナリーがある。

日本が誇る独自のぶどう品種も

日本では、明治期からワイン造りが広まってきた。

白ぶどう・甲州種や日本の気候にあわせた交配種のマスカット・ベリーA種、ブラック・クイーン種などは注目だ。さらにヨーロッパ系品種の栽培も増えている。

醸造技術の進歩とともにワインの質も上昇中だ。

高級ワインも次々と造られている

Château Mercian

シャトー・メルシャン城の平カベルネ・ソーヴィニヨン
（メルシャン）

バランスのいい長期熟成タイプで最上クラスの赤ワイン。「桔梗ヶ原メルロ」も上質な赤。同社は1877年創立の大日本山梨葡萄酒会社の系譜を次ぐ日本の代表的なワイナリー。

キュヴェ三澤プライベート・リザーヴ
（中央葡萄酒）

力強い香りと、重さのある赤ワイン。メルロ種やカベルネ・ソーヴィニヨン種をブレンドした同社の最高級品。中央葡萄酒は大正12年創業。

登美の丘ワイナリー登美
（サントリー）

サントリーが毎年造っている「登美の丘」に対し、天候に恵まれた年にしか造られないサントリー最高峰の赤ワイン。香り高く、長い余韻が魅力。

シャトー・メルシャン北信シャルドネ
（メルシャン）

ヨーロッパのシャルドネ種を使ったワインよりも、やわらかい味わい。トップクラスの国産ワインだ。同社の造るシャルドネ種と甲州種をブレンドした白ワイン「ジェイ・フィーヌ」も味わってみたい。

こんばんは 今夜はなにになさいますか
そうだね 厚みのある赤ワインが飲みたいな

あとがき

ぼくがワインと親しみ始めて数十年になるが、ワインの歴史の深いフランスをはじめ、イタリアやドイツなどのヨーロッパ諸国以外でも、さまざまな国で優秀なワインが造られるようになり、ワインの世界もじつにバラエティに富んできた。

ぼくはいつも二〇〇本くらいのワインをストックしているが、そのなかにフランス以外のものも増えてきて、「これはフランスワインに負けず劣らずうまい」とか「個性的でいいなあ」などと思うものに、たびたび出会うようになった。そのつど、ワインの世界が大きく広がっていることの驚きと喜びを感じる。

ヨーロッパ諸国以外なら、まずはカリフォルニア・ワインからはじめるのがいいのではないだろうか。アメリカのワインは、〝新世界のワイン〟などと呼ばれているが、もはやこの言葉には、当てはまらなくなってきたのではないかと思う。フランス産と肩を並べる上質なワインがたくさん造られているし、価格的にもフランス産より高いものはざらにある。

ただ、どの国のどのようなワインにしろ、一回飲んだだけで判断をくださないようにしたほうがいい。最近よく思うのは、体調によって味覚がかなり変わってしまうということだ。体調のいい日に飲むとおいしく感じられたり、以前飲んだときには「うまい」

と思ったはずのワインが、体調によってまずく感じられたりすることがある。このことは、食べ物などで経験している人も多いはずだ。同じワインを二、三回飲んでみて、それから自分の舌にマッチするかどうか判断するといいと思う。

ワインの基本がフランスにあることは、これからも変わらないだろうが、国によってそれぞれの文化があり、それぞれの食べ物があり、そしてそれぞれのワインがある。世界をぐるりと回ってみると、ワインの奥深さがますます感じとれるだろう。

海外旅行をしたとき、その国のワインを味わってみるのはもちろん、日本でもさまざまな国の料理が味わえる。そのとき、その国のワインを選んでみることで、気軽に多様な国のワインに触れ、ワインの世界旅行を楽しむことができる。

ワインを気軽に飲んでもらおうと『知識ゼロからのワイン入門』を出してから五年。『さらに極めるフランスワイン入門』と本書でワインに関する本が三冊になった。その間、尽力いただいた、幻冬舎の福島広司氏、鈴木恵美氏に感謝申し上げたい。

二〇〇五年　一月

弘兼憲史

●取材協力

小川 洋(御茶ノ水 小川軒　代表取締役)東京都文京区湯島1-9-3

滝原 一雅(RISTORANTE ACQUA PAZZA　シェフソムリエ)東京都渋谷区広尾5-17-10 EastWestB1F

安井 隆允(株式会社 オリオンズ)東京都中央区銀座7-3-13 ニューギンザビル10F

●資料提供

イタリア貿易振興会

スペイン大使館経済商務部

ドイツワイン基金駐日代表部

ポルトガル観光・貿易振興庁

ワイン インスティテュート オブ カリフォルニア

メーカー、取扱会社の方々

●参考文献

『California Wine Perspective』カフマン恵美子

『カリフォルニア・ワイン パスポート』カフマン恵美子　石田圭司、木村克己監修(同朋舎出版)

『これが「美味しい!」世界のワイン』福島敦子(幻冬舎)

『さらに極めるフランスワイン入門』弘兼憲史(幻冬舎)

『新訂ソムリエ・マニュアル』石田圭司監修(柴田書店)

『世界の名酒事典』2004年版、2005年版(講談社)

『チーズ ポケットブック』(旭屋出版)

『知識ゼロからのワイン入門』弘兼憲史(幻冬舎)

『とっておきのワインと洋酒の物語』藤本義一(第三書館)

『日本ソムリエ協会教本2004　ソムリエ・ワインアドバイザー・ワインエキスパート教本』「テキスト」編集委員会編(飛鳥出版)

『パイプ&シガー 大人の嗜好品 魅力と世界』深代徹郎、春山徹郎(三心堂出版社)

『はじめてのワイン』原子嘉継監修(西東社)

『パラノイアなワイン日記』竹中充(中央公論社)

『ベストワイン300』野田宏子(日本文芸社)

『ポケット・ワイン・ブック 第3版』ヒュー・ジョンソン　辻静雄料理教育研究所訳(早川書房)

『もっとワインが好きになる』花崎・一夫監修・執筆(小学館)

『物語るワインたち』城丸悟(悠思社)

『ワインと洋酒のこぼれ話』藤本義一(第三書館)

『ワインの基礎知識』田中清高、奥山久美子、梅田悦生　アカデミー・デュ・ヴァン監修(時事通信社)

『ワインの実践講座』田中清高、永尾敬子、渡辺照夫(時事通信社)

『ワイン畑の住人たち』竹中充(中央公論新社)

『ワインを楽しむためのミニコラム101』アンドリュー・ジェフォード　中川美和子訳(TBSブリタニカ)

弘兼憲史（ひろかね　けんし）

1947年山口県生まれ。早稲田大学法学部卒。松下電器産業販売助成部に勤務。退社後、76年漫画家デビュー。以後、人間や社会を鋭く描く作品で、多くのファンを魅了し続けている。小学館漫画賞、講談社漫画賞の両賞を受賞。家庭では二児の父、奥様は同業の柴門ふみさん。代表作に『課長　島耕作』『部長　島耕作』『加治隆介の議』『ラストニュース』『黄昏流星群』ほか多数。『知識ゼロからのワイン入門』『さらに極めるフランスワイン入門』『知識ゼロからのカクテル＆バー入門』『知識ゼロからのビジネスマナー入門』（幻冬舎）などの著書もある。

装幀　亀海昌次
本文漫画　『課長　島耕作』『部長　島耕作』『取締役　島耕作』
『島耕作の優雅な一日』（講談社）
本文イラスト　押切令子
本文デザイン　バラスタジオ（高橋秀明）
校正　左近弌弌
編集協力　佐藤道子　オフィス201（高野恵子）
編集　福島広司　鈴木恵美（幻冬舎）

知識ゼロからの世界のワイン入門

2005年 1 月25日　第 1 刷発行
2012年10月31日　第11刷発行

著　者　弘兼憲史
発行人　見城　徹
編集人　福島広司

発行所　株式会社 幻冬舎
〒151-0051　東京都渋谷区千駄ヶ谷4-9-7
電話　03-5411-6211（編集）　03-5411-6222（営業）
振替　00120-8-767643
印刷・製本所　株式会社 光邦

検印廃止

ISBN4-344-90066-9 C2077
Printed in Japan
幻冬舎ホームページアドレス　http://www.gentosha.co.jp/
この本に関するご意見・ご感想をメールでお寄せいただく場合は、comment@gentosha.co.jpまで。